光文社知恵の森文庫

樋口恵子

ＢＢ《貧乏ばあさん》の逆襲

働くハッピーばあさん(HB)になる、女、一生の働き方

『女、一生の働き方』改題

JN020712

光文社

本書は『女、一生の働き方』（二〇一〇年一〇月　海竜社）
を改題、加筆・修正し、文庫化したものです。

はじめに

貧乏ばあさん（BB）から働くハッピーばあさん（HB）へ

「貧乏」と「ばあさん」について、最初にひとことお断りを。

本書を読まれる方のなかには、「貧乏」ということば、「ばあさん」ということばが頻繁に使われることを不快に思う方がいるに違いない。どちらもこれまでマイナス・イメージに使われてきた。

貧乏人の対語はお金持ち。どっちになりたいか答えは明らかだ。一般に貧乏であることは他者からさげすまれる状況であり、貧乏とみなされることは本人にとっては一種の屈辱であった。

しかし、貧乏自体は恥ではない。浪費を重ねて貧乏になるのは自業自得かもしれないけれど、日本女性が老いて直面する経済的な困難の多くは、日本社会というこの世の中で、構造的に生み出された理不尽な結果である。経済的困難というのは簡単に言えば貧乏ということだ。

貧乏という事実を率直に認め、その原因に立ち向かい、世の中の構造を変える努力によってしか貧乏は克服されない。貧乏を恐れずに見つめ、貧乏にめげずきちんと考える力を持ち、行動する勇気を持ち、生きる力と勇気を寄せ集めること。それが貧乏を乗り越える道である。

だから「低所得」とか「貧困」ということばを使うこともあるが、もっとも明快な日常語である「貧乏」をあえて使わせていただいた。

「ばあさん」も問題を含むことばである。

他人から「おばあちゃん」と呼びかけられたら返事をしない、という中高年女性は少なくない。私もまあ、そのひとりである。高齢者が集まった場所で、司会者が「おばあちゃん、おじいちゃん」と呼びかける風景も好ましくない。いくつになろうと、人は呼ばれたいように呼ばれる権利があると思うし、多くの場合、姓に敬称をつけて呼ぶことが礼儀にかなっている。

とはいえ、年齢・性別を表す普通名詞は必要だし、祖父母を「おじいさん」「おばあさん」と呼ぶ日本語は今後将来にわたって生きつづけるだろう。『ぢいさんばあさん』という昔の老夫婦を美しく描いた森鷗外の小説のタイトルを差別的と思う人は少ないだろう。

日本昔ばなしに登場する高齢男女の存在の豊かなことよ。多くの物語は「昔々、あるところにおじいさんとおばあさんがおりました」で始まる。その「おじいさん」「おばあさん」は物語の主役であり、同時に物語の進行役だ。花咲《はなさ》か爺《じじい》も、舌切雀《したきりすずめ》も。桃太郎のおじいさんおばあさんは、今どきはやりの老いた「おふたりさま」暮らし、子どもは遠くにいるのか、もともとなかったのか不明であるが、夫妻ともぐちめいたことは言わず、今日も山へ柴刈りに川へ洗濯に出かけ、すこやかに自立して生きている。そこへたまたまおばあさんが川で拾ってきた桃太郎を、心をこめて老夫婦協力して育てあげる。今ように言えば、里親というボランティア活動の実践者。祖父母世代の幼い命への祈りが血縁を超えて伝えられていく。近ごろ私も提唱する「社会的祖父力祖母力発揮」の原型のような姿ではないか。

その意味の「おばあさん」である。「花咲かじいさん」「こぶとりじいさん」「いじわるばあさん」というときの、客観的な性別と年齢の表現であり、日常的慣用的に使われてきたことばとして受け止めていただきたい。「こぶとり男性高齢者」と言うのもぎこちないことであろう。

そして「ばあさん」ひいては「じいさん」と呼ばれる中身のイメー

ジを、この本のなかで元気で働く志ある高齢者を紹介することを通して、さらに積極的に肯定的なものに変えていきたい、と心から願っている。

ＢＢからＨＢへ。ＢＢは貧乏ばあさん。ＨＢは働くばあさん、ハッピーばあさん、未来をひらく花咲かばあさんの意である。本書がそのガイドブックとなれば幸せである。

目次

第4章

中年からでも適職にめぐり合える——HB（働くばあさん）になるために

装幀・本文デザイン―アフターグロウ
装画・本文イラスト―福田希美
図版制作―桜井勝志（アミークス）

第1章

女たちの「老働力」が日本の未来をひらく

――人生一〇〇年時代の新しい働き方

人生一〇〇年時代、「老《ろう》働《どう》力《りょく》」が未来をひらく！

日本は「高齢化」種目の金メダリスト

労働力――世の中に価値を生み出し、個人の生活と社会全体を支える人間の力である。労働力は、ここでは、「老働力」と書こう。史上空前、前人未踏の超高齢社会を迎える日本においては、その認識が必要である。

少子高齢化の急激な進展のおかげで、高齢人口は増える一方。今や日本名物となった少子化に歯止めはかからず、もしオリンピックに「高齢化」という種目があったなら、日本は断然金メダル、それもトライアスロンというべきか三個の金メダルである。

まず女性八七・五七歳、男性八一・四七歳という平均寿命（二〇二一年）。女性は世界一、男性は世界三位だが、それでも男女合わせて総合一位。

二つ目の金メダルは高齢化のスピード。六五歳以上人口七％から一四％までの道程を日本は一九七〇年から九四年までのわずか二四年という世界記録で駆け抜けた。他の先進国は半世紀から一〇〇年前後かかったというのに。

三つ目の金メダルは、その高齢化比率である。直近（二〇二二年）の数字で二九・一％、世界で三割近い国はまずは日本のみ、だろう。

重要なことは、かつて日本よりはるかに早く一四％以上、二〇％近くに達していた国々――たとえばスウェーデン、デンマークなどの北欧諸国やイギリスが、スウェーデン二〇・一％、フランス二一・三％、イギリス一八・九％、デンマーク二〇・三％（すべて二〇二〇年）と高止まりでこのところ横這い状態だ。子育てがしやすいと評判のフランスもその一つである。将来の人口予測を見ても、他の国は日

高齢化の推移と将来推計

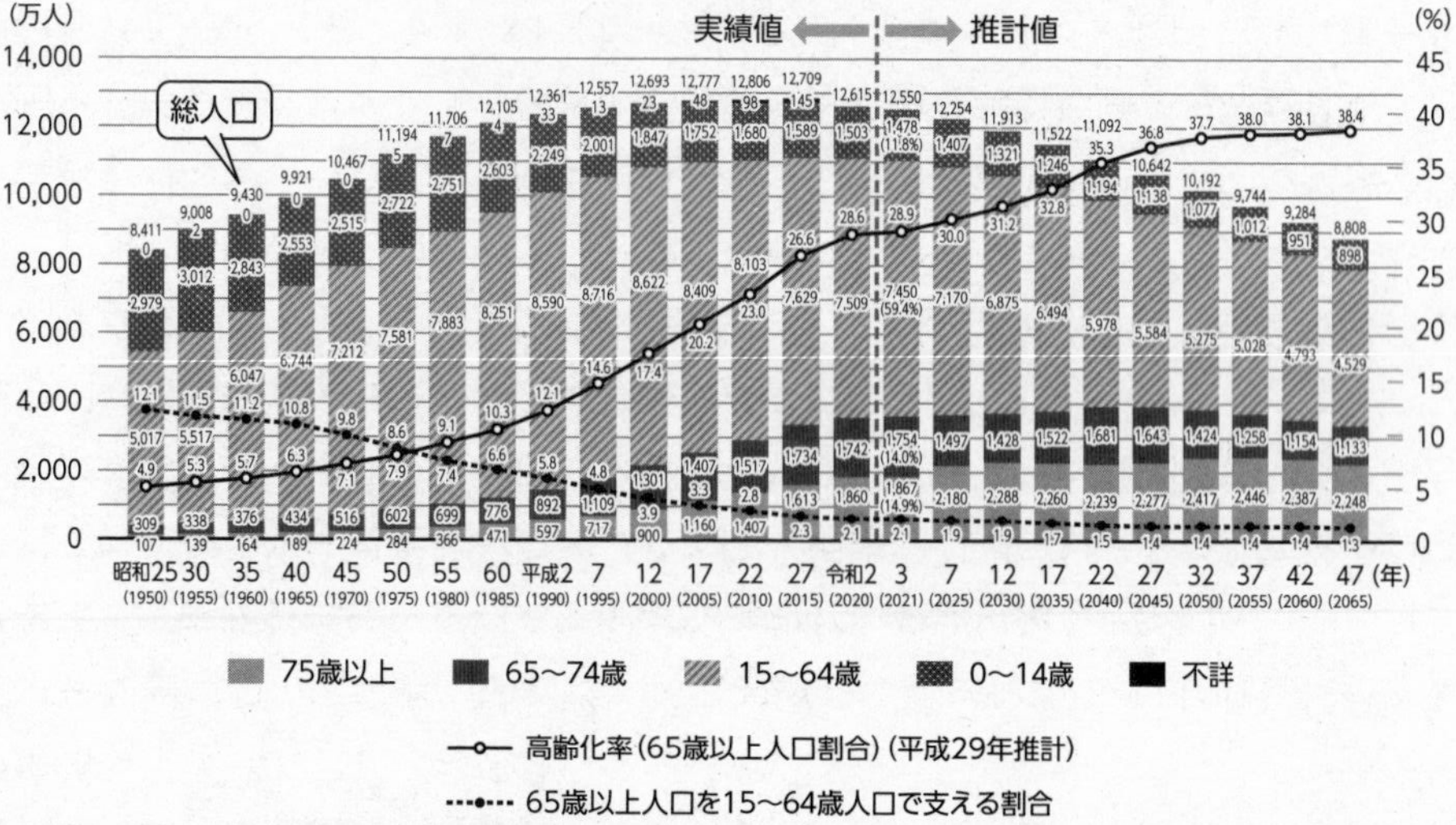

本より出生率が高いため高齢化への動きがぐっとゆるやかになったのだ。

少子化のなか高齢者はずんずん増えていく

だから、日本がもう少し子どもを生みやすく子育てがしやすい国になるための政策は、国を挙げて取り組む最重要課題である。このところ子育て支援の政策が進み、企業側の対応も変化してきている。しかし、人間は一人前になるのに時間がかかる。仮に、これから子どもが少し多く生まれたとしても、成人して社会を支えるまで二〇年以上かかるのだ。その間にも高齢者はずんずんと毎年増えていく。現在のような出生率（一・四三）がそう変わらない、という仮定に立つと、二〇五五年、二一世紀中葉の日本の人口は、約四割が六五歳以上で占められる。

戦前の一九三〇（昭和五）年、六五歳以上の人は日本に四・八％しかいなかった。戦争では多くの人命が若い世代中心に失われ、終戦の一九四五（昭和二〇）年には、平均寿命男性二三・九歳、女性三七・五歳という無惨な縮み方をした。

長寿や高齢社会を語るとき、とくにある人々が眉をひそめて語るとき、終戦の年の平均寿命であるこの数字を思い返してほしい。長寿の絶対条件は、一に平和、二に一定の豊かさ。人類がたどりついた二大宝石というべき二つの価値。この価値のおかげで、今ようやく地球上の半分ぐらいの人口が、祖先が持ち得なかった長寿を手にしている。平和を愛する者は長寿から目をそらしてはならない。豊かさを求める者もまた長寿を疎《うと》んじることはできない。人類は長いこと絶え間ない戦争と貧困――貧困のなかには医学・科学の未発達の状態を含めるが――のおかげで、長い寿命を持つことができなかった。

「人間五〇年」と舞ったのは織田信長（一五三四～一五八二年）であるが、人生五〇年という常識は、日本人にとってつい半世紀前まで長持ちした常識であった。他の先進国にあっても五十歩百歩。人類は他の動物と比べてはるかに長寿とはいうものの、「人生五〇年」せいぜい「人生六〇年」の時代が長くつづいた。大正年間に財閥系企業から始まったという定年五五歳はまさに妥当だったというべきで、定年が法改正を経て動き出したのは、やっと一九八六年に六〇歳へ、そして団塊世代をターゲットとした高年齢者雇用安定法改正で、六五歳までの雇用が義務化されたのは二〇〇六年のことである。

長寿時代はやってきたばかりで、世の中はその対応に追われているのが現状だ。

「人生五〇年」から「人生一〇〇年」仕様へ

そうだ。長寿社会、人生の標準サイズが八〇年、九〇年となる社会は、今やってきたばかりなのである。冷戦という名の核を踏まえた際どい対立であったとしても、とにかく熱い実戦にならずに、地球の大半に六〇余年の平和が保たれた。医療をはじめとする科学技術と経済発展の成果を戦争に食い荒らされることなく、人間の生命の多くが天寿を全うできるようになった。

先進国は次々に平均寿命七〇歳を超え、高齢者の比率も七％を超えて「高齢化社会」へ、一四％を超えて「高齢社会」へと進み、今や地球まるごと高齢化進行形の感がある。そうなっていないのはエイズなどの悪疾を克服できず、局地的紛争が絶えないアフリカのいくつかの国々で、世界はこれらの国々が長寿化を達成できるよう支援しなければならない。

きっと人類の歴史は、紀元前、紀元後と区切るのと同じくらい、長寿前、長寿後に分けられることになるだろう。今はその急激な変革期である。アメリカ・ハーバード大学の学者によれば、人類が五〇〇〇年かかって少しずつ延ばしてきた寿命と、このわずか五〇年に延ばした寿命とがほぼ等しい、ということだ。

「人生八〇年」ということばが日本で広がり、人も社会も長寿・高齢化を意識するようになったのは一九七〇年代からである。ということは、日本の場合、長寿社会歴がやっと四〇年。日本より先に長寿と高齢化を達成した先進国もたかだか半世紀、五〇年。地球上最大の人口を持つアジアが今、音を立てんばかりの勢いで高齢化しているところである。

人類が長きにわたって「人生五〇年」を標準につくり上げた文化。それを今「人生八〇～一〇〇年」仕様につくり直さなければならない。生活設計も働き方・学び方も家族のあり方、男女の関係、住宅やまちづくり、ものづくりと、ありとあらゆる分野で設計変更が求められている。

四〇〇〇年前に築かれたピラミッドはいまだにその形状を保って昔を今に伝えている。わずか二〇〇年前に人口学という学問の分野が立ち上がり、左右を性別に分けて年齢ごとに人口数を積み上げる統計図を「人口ピラミッド」と名づけた。どの国も、頂点の高さや形状に差はあるものの、ピラミッドの一側面である二等辺三角形であることは共通していた。

今、先進国はどの国もピラミッド型が崩れ去り、ひいらぎ型とかボトル型とかやがてシリンダー型（筒型）になると予測されている。たった二〇〇年足らずの間に、人間社会の「人口ピラミッド」はすっかり形状を変えてしまった。

騎馬戦から肩車で高齢者を支える時代になる

今、人類は人生一〇〇年文化、長寿文明の構築に取りかかったばかりである。とりわけ、急激な少子高齢化の著しい日本では、どの世代がどうやって増大した高齢世代を支えるか、財源を問う声が上がっている。たしかに家も車も人も、古くなるとメンテナンスに費用がかさむのだ。「今は騎馬戦で高齢者を支えているが、間もなく肩車になる」。騎馬戦なら支え手が三人でひとりを担《かつ》ぐ。やがてそれが一対一になる。

解決策の選択肢はおそらくそう多くはないだろう。

一つは、世界的に見ても日本の女性の労働力率はもっとも低い水準にある。この女性たちが労働に参加することだ。

もう一つの道は、六五歳以上の高齢者が働くことである。六五歳でなく七〇歳までの就労がふつうになれば、それだけ支え手が増えることになる。七〇歳以上でも、働く意欲と働く場所を開発すればさらに支え手が増える。

本書でもくり返し述べることになるが、適度な仕事を持つことは高齢者にとって何よりの介護予防となり、疾病予防となり、健康寿命の延長に役立つと思われるからだ。

そして第三の手段は、外国人労働力に頼ることだ。労働力を含めてグローバル化は天下の動向である。外国人の働き手を一定の条件で受け入れることは必然と思うが、同時にというかその前に、今日本に住む女性と高齢者の労働力化・老働力化を進めよう、というのが私の考えである。

今こそ、「人生一〇〇年時代」の働き方の発明を！

幸い現在の日本の高齢者とその予備軍は、勤勉を美徳として育った世代だから、各国と比較しても労働力率が高く、かつ年をとってからも勤労意欲が高い。かつては「年金が低いからだ」と言われたが、年金が他の先進国と遜色ない水準にきても、日本の高齢者の労働意欲はいっこう下火にはならないのである。これはいい傾向であって、世界一の長寿国の日本を支える資産に数えられていいだろう。

政府も企業も、それなりに中高年者の就労を進めてきた。清家《せいけ》篤氏（慶應義塾大学名誉教授）のように早くから「生涯現役社会」を提唱してきた学者たちが世の中を啓発してきた。

私は今こそ、人生一〇〇年後半の働き方を発明し実践するときだ、と確信している。スティーブンソンは蒸気機関車を、ワットは電気を発明した。こうした一連の科学的発明が近代文明をつくり世界を変えた。その象徴である「黒船」によって、日本の明治維新は加速され「文明開化」を迎えた。今や人生一〇〇年型の「長寿文明開化」時代である。人間が主役の社会的発明が求められている。高齢者就労の場の開発はその一つだ。

現実は険しいけれど

「そんなこと言われても、ハローワークだって、六〇過ぎたら、とくに女性は求人なんてありませんよ！」という声が返ってくるだろう。「定年延長だって男性にはしぶしぶ適用しても、女性は嫌がらせの限りをつくして辞めさせられるんです」

それが現実である。しかし最初から楽々とひらけた道なんて世界に一つもありはしない。一人ひとりが願い、願いを行動に移し、世の中の風景を変え、制度をつくって道をひらいてきた。道のつくり方、歩き方も多様である。

本書では人生一〇〇年社会の働き方、老いて女の働き方の道をつくる道普請のレポートでもある。

高齢女性は日本を支える「老働力」の宝庫

かつては男女別定年制があたりまえだった

老働力の開発については、一九七〇年ごろから「定年延長」というテーマで多く語られてきた。それなりの成果も進んでいる。しかし、これはほとんど男性のみを対象とした議論であった。定年延長についても、もちろん今は女性もその恩恵を受けているが、当初の政策の視野に女性はほとんど入っていなかった。

そもそも男女別定年制が堂々と長い間まかりとおっていたのだ。一九八〇年、今から三〇年前になるが、日本は高度経済成長を重ねてすでに堂々たる経済大国であった。

女性の問題に関して言えば、その五年前の一九七五（昭和五〇）年には国際女性年の大会がメキシコで開かれ、八〇年にはデンマークのコペンハーゲンで世界会議が開催された。初の女性大使高橋展子《たかはしのぶこ》さん（元・労働省婦人少年局長）は、首席全権として、日本もまた、国連で策定された「女子差別撤廃条約」を批准しよう、という決意表明の署名をしたのだった。すべてはここから始まった。しかしそれは世界の動きに押されて始まったのであり、当時は雇用の場に採用、賃金、昇進、配属、研修、定年と入り口から出口まで、男女別コース、つまり差別があるほうがあたりまえの時代だった。

その一九八〇年、国際女性年の動きを踏まえながら、政府の労働行政は、職場における男女の定年差別撤廃に躍起となっている。

昭和五五（一九八〇）年版の『婦人労働の実情』（労働省婦人少年局）は、まず「女子の定年四〇歳未満のもの、及び結婚・妊娠・出産退職制の解消」を図り、次いで「女子の定年五五歳未満」の解消を図る、としている。現実にこの時期に「男女別定年制を定めている企業」は全体の二二・四％に上っている。もっとも多いのは製造業二七・二％であった。表向きの調査でさえ、四社に一社近くが男女別定年あり、と答えている。不文律、職場慣行としての女子早期退職は多くの職場で常識だった、と言ってよい。

日本の高齢女性は潜在能力が高い！

戦後、女性の多くは学校卒業後外へ働きに出るようになったが、「男は外の仕事」「女は家庭を守る」という性別役割分業意識が強い日本社会において、女性の多くは結婚・妊娠を機に若くして退職していった。それが現在の高齢女性の経済的貧困最大の理由であり、この点についてはあとで少し詳しく述べたいと思う。

とにかく、日本の職場には、男性は若年から定年まで各年代ごとに一定の割合で存在したが、女性の大半は二〇代で辞めて（辞めさせられて）しまうので、若い世代に集中していた。

やがて子を育て、家事にいそしみ、地域で活動する。再就職するとしたら要介護、要保育の家族がいないときだけ臨時、パートで働く——という具合だったから、老いて働く女性の姿は、職場という社会の大通りから見えづらかったのである。

働くおばあさんと言えば、まずは農家の女性か商家の手伝いをする場合で、絶大な人気を獲得したマンガの『いじわるばあさん』(長谷川町子・作)にしても、要するに子どもの家で扶養されている無職のご隠居さんであった。

日本の高齢者は勤勉意欲も就労実態も高い、と述べたが、それも男性を中心とした事実である。六〇代前半の日本男性の就労率は他の先進国を通してトップであり(八〇・七%。六〇代後半は六〇・四%/二〇二一年)、七〇代以上も、この世代では農業をはじめ自営業の比率が増えることもあって、結構高い比率である。

対して女性は六〇代前半の就労率六〇・六%、後半四〇・九%(二〇二一年)と男性に比べてかなり低い。だからこそ、高齢女性は日本のこれからを支える老働力の宝庫なのだ。

そして、高齢女性は概して気力・体力に恵まれ、一定以上の教育を受けていて潜在能力も高い。とくに現在の団塊の世代の高校進学率（一九六二年）は男子六五・五％、女子六二・五％とほとんど差がなく、大学進学率（一九六五年）は男子二〇・七％、女子四・六％と大差があると言っても、短大を含めると一一・三％が高等教育を受けているのだ。

基礎学力は諸外国と比べて十分に高い。そして声高に言わなくても、本音を引き出せばおばあさんの多くはやる気満々であり、一方で働く必要がある、という現実に迫られていたりするのだ。

働く祖母たちが社会を変える

職安を訪れる高齢者は女性のほうが多かった

私もかつて「おばあさん」と言えば家庭の一隅でのんびりと余生を過ごす存在だと思っていた。生活費は夫か息子が支えるものだった。現に私の母も、親類の中高年女性もみんなそうだった。

その常識に最初に疑問を持ったのはもう四〇年も前のこと。メディアで高齢社会や高齢者をテーマとすることが多くなり、私がNHK長野放送局の二か月に一本ほどつくる番組のリポーターを二年間務めたときである。

長野放送局の独自の枠の番組で、残念ながら全国放送される機会はなかったが、高齢化を切り口にテーマは、医療、介護、学習、就労、ひとり暮らし、住居など多岐にわたり、局のディレクターはじめクルーとともに全県下をわたり歩いて、私は都市では見えない高齢化の状況にどれだけ目を開かされたかわからない。

「就労」がテーマのときだった。取材は県下の当時「職安」と呼ばれた職業安定所から始まった。ここで高齢者に対する求人、求職者である高齢者の動向などについて担当者から話を聞く。そのうえで数人の働く高齢者を訪ねて、職場側からも取材した。

取材相手の働く高齢者は当時の常識に照らしてすべて男性であり、私もそれを当然と受け止めていた。

職安の担当者がちらりと見せてくれた書類に意外な数字があった。求職窓口を訪れる女性の数が毎月男性を上回っているのである。「え？」と私は言い、「いつも女性の求職が多いんですか」と質問した。「多いですね。でも女性は求人が少ないのでなかなかうまくいきませんけれどね」

そのときはそれだけだったが、家族制度が都会より濃厚に残る地方の小都市で、職安を訪れる高齢者は女性が男性より多い、という事実を長く胸にとどめることになった。

経済的理由で働く高齢女性たち

次はずっと最近になって、私自身、高齢者のなかでも女性の就労が大切という確信を持つようになってからの話である。たとえば一つの統計資料をご紹介しよう。総務省「就業構造基本調査」（二〇〇七年）に見る、高齢者の就労動機に関するデータである（三六ページ）。

男性の就労動機はごらんのとおり「健康を維持したい」が断然高い。女性も「健康」は高いが、微差で「収入を得る必要が生じた」が一位を占め、男性の同じ答えより数値はぐっと高いのである。男性の動機が「健康」といささか余裕があるのに、

高齢者の就労動機

男性の就労動機

- 1位 **健康を維持したい**
- 2位 収入を得る必要が生じた

女性の就労動機

- 1位 **収入を得る必要が生じた**
- 2位 健康を維持したい

		失業している	収入を得る必要が生じた	知識や技能を生かしたい	社会に出たい	時間に余裕ができた	健康を維持したい	学校を卒業した	その他
男性	総数(55歳以上)	18.5	**15.7**	12.4	5.4	9.2	**23.5**	0.0	15.3
	55〜59歳	52.5	13.3	7.2	4.7	2.4	5.9	0.0	13.8
	60〜64歳	21.1	16.8	12.4	5.7	10.9	18.6	0.0	14.4
	65歳以上	7.7	15.9	13.8	5.4	10.4	30.6	0.1	16.1
女性	総数(55歳以上)	7.4	**22.8**	8.2	7.9	14.5	**21.2**	0.1	18.0
	55〜59歳	12.2	25.1	8.8	10.0	17.8	11.0	0.0	15.3
	60〜64歳	8.2	22.3	7.9	8.7	15.3	19.8	0.0	17.8
	65歳以上	3.0	21.2	8.0	5.6	11.2	30.5	0.1	20.4

資料：総務省「就業構造基本調査」(2007年)

女性は経済的にせっぱ詰まった感じである。

女性たちが老いてから「生活費」のために働きたいと願うようになる――それは、どんなときかと考えた。夫婦とも国民年金受給者だとすると、ひとりの年金が多くて五～六万円しかない。その夫が亡くなってしまったのか。あるいは細々とした年金暮らしのなかへ、子持ちの娘が離婚して転がり込んできたのだろうか。そういう例を聞いている。高齢女性の相対的貧困については承知していたものの、働く動機が経済的必要であることが心に残った。

この調査データも一つのきっかけとなって、二〇〇五年、私が代表を務める「高齢社会をよくする女性の会」で調査研究事業として「高齢女性の就労」をテーマとし、(財)倶進会の助成を得て、アンケート調査を実施した。その結果、現に働く高齢女性から伝わるエネルギーに気圧《けお》される思いであった。

今どきの祖母は「働く祖母」だった

さらに前後して、私は著書『祖母力』（二〇〇六年・新水社、二〇〇七年・講談社文庫）執筆のため、現に働く娘・嫁を助けて孫育てを担当している祖母二三人のインタビュー調査に取り組んだ（主として東京都下在住者）。

かつて私自身、幼い子持ちで夫に先立たれたあと、キャリアを形成できたのは私の母の献身的な支えがあったからだ。一世代前、保育所入所は今よりはるかに制限がきびしく、一定の所得がある家庭はまずは門前払いであった。今は事情が変わってきたものの都市部には「待機児童」があふれている。娘や嫁の就労継続のかげに、祖父母、主に祖母の大きな尽力《じんりょく》があることが見てとれた。今も昔も、死別・離別家庭や働く若い親を支える「祖母力」は、GDP（国内総生産）のどこにも算入されないが、家族を崩壊から救い、世の中に安寧をもたらしている。祖母は私の母のように生涯に二度にわたる子育てを担い、老後をのんびりと楽しむいとまもなく世を去っていく。あれから一世代を経て今の祖母たちはどんな生活を送っているか。

私は母への鎮魂の思いを込めて、身近な人々からたどって、娘や嫁の就労を支える現役祖母二三人にインタビューを始めた。

そこで私は、思いがけぬ「今どきの祖母像」を発見した。なんと二三人のうち過半数の一二人が、「働く祖母」だったのである。「孫育てに専念」という祖母は少数派で、無収入であっても地域活動のリーダーだったり、趣味のサークルに打ち込んだりしていた。

祖母たちの年齢は、四九～七四歳、平均六三歳（二〇〇五年当時）だったから、お店などの自営業者（五人）を除いては、正規職員ではなく、パートや臨時、定年後の嘱託という身分だった。仕事の職種は多岐にわたっている。

最多の自営業者も、農業、不動産業、米穀店、設計事務所、化粧品販売代理店とまちまちで幅広い。親代々の家業が三人、資格を生かして自分（夫）の代で起業した人が二人。

『先生』族が三人。編み物、染色の先生は、注文品の制作、展示、販売も行っている。アスレチックジムのスポーツ指導者は、長年中学校の体育教師だった。

パートで勤める四人は、定年後、引きつづき「生き字引」として働く私立学校事務職員、地域集会場の管理者、服飾品製造現場の工員、リサイクルショップの店員はなんと曽祖母にあたる七〇代だった。祖母はこの女性の娘。常勤の娘に代わって、共働きの孫夫婦の間にできた曽孫の手を引いて店番に立つ。

働く祖母たちが社会を支えている

働く祖母たちは異口同音に言った。

「自分自身、働く時間があるからこそ、新しい気持ちで孫に接することができる。保育所がウィークデイ、日中の大半を預かってくれるからこそ」

孫たちの保育は一時的に無認可施設や個人のベビーシッターを頼んだ例もあるが、結果として全員が認可保育所にたどりついていた。

保育所の力は偉大である。若い夫婦の就労を支えるだけでなく、その上の祖母世代の社会参加を助け、祖母たちに老いてもいささかの収入をもたらしている。

しかし、現に正規職員、専門職として働く母親たちが昔と変わらず「祖母力」に多く依存していることも確認した。働く女性の間に存在する「祖母力格差」「実家力格差」を指摘する人もいて、私もたしかに目に見えない大きな格差であることを痛感する。

一方で、時間はダテに過ぎているのではなく「働く祖母の増大」「祖母の社会参加はあたりまえ」という、二一世紀型の祖母像もまた、しっかりと姿をあらわしていた。

調査に応じてくれたもっとも若手の祖母は当時四九歳。何年にもわたり姑を車に乗せ、腎臓透析の病院の玄関まで背負って行く「嫁」を卒業したばかりだった。介護に比べれば「孫育て」はなんと楽しい仕事かと言った。家業の不動産業の中心となるばかりでなく、地域の有償ボランティアとして働き始めている。その時間をもっと増やしたい、と静かに語った。

孫の世話をしながら離れ住む老親を見舞う時間を捻出しようと悩む六〇代もあり、一世代上の老親介護と孫育ての同時進行、という長寿社会のサンドイッチ型祖母が誕生している。老いて女が働くとき、新たに配慮すべき大きな問題点である。同時にそのような社会だからこそ、ビジネスチャンスや就労の場が生まれる可能性もあるのだ。

三〇年前の地方の職安取材で、私は思いがけず高齢女性が働きたがっている事実を知った。そのことが近年の統計によっても裏付けられた。そして私自身が行った「祖母力」インタビューで、政府の労働力調査にはカウントされなくても、多くの「祖母」たちが社会の隅々で現に「働いて」社会を支えている生《なま》の姿を見た。

「お役に立ちたい」が労働の質を豊かにする

「祖母力」調査を経て四年、二〇一〇年春、私は東京西郊自治体の講演会に招かれ、三人の先生族のひとり、編み物教室主宰（二〇一〇年当時）の小林すみ子さんに再会した。ちょうど自治体がフェスティバルを開催しているところで、小林さんの編み物展示コーナーがあり、壮大な壁掛けが飾られていた。また色とりどりの毛糸で編まれた子ども用のセーターが所狭しと展示してあった。

小林さんは、当時、難民の子どもにセーターを送る会をNPO（特定非営利法人）として発足させていた。家のなかの残り毛糸を寄贈してもらい、小林さん考案の素人でも簡単にできる編み方を広め、多くの人がボランティアで編んでいた。

夫を亡くした私の友人が加わって、「空いている時間が難民のお子さんに役立つなんて」とテレビを見ながらもせっせと編み棒を動かしていた。出来上がった製品はエチオピアを中心とした難民キャンプに送り届けられる。難民キャンプ所在地は朝夕で寒暖の差が激しく、一枚のセーターが子どもの体温の調節を助ける、という。

小林さんは、そのころ中学生の孫育てにかかわりながら、その行動は世界の子どもへの祖母力の役を果たしていた。

アメリカの女性参政権運動の祖であるエリザベス・スタントン（一八一五〜一九〇二年）の遺したことばを思い出した。

「女性の全盛期は五〇代の後半だ。それまで他の方面に注いでいたエネルギーが脳に蓄えられるようになり、そこからあふれ出る思考や感受性は以前より深く豊かなのだ。それまでの家族主義は、人類愛にとって代わり、わが子の泣き声に痛んだ胸は、貧困と病気に苦しむ人々の悲痛な泣き声に痛むようになる」

人生の山を一山も二山も越えて、「わが子の泣き声」だけでなく世界の「貧困や病気に苦しむ人々の声」を聞き分ける人々が増えれば、そして、その人たちが老働力として社会の表面に出てくれれば、「お役に立ちたい」という思いが労働全体をよい方向に引っぱり、労働の質、生活の質を豊かにすることにもつながるのではないか。

老働力は未来をひらくのである。

第2章

貧乏ばあさん大国、ニッポン

——BB（貧乏ばあさん）ただいま大量発生中

「BB」(貧乏ばあさん)は日本の特産品

女性は男性よりも貧乏

女は貧乏に生まれない

女を生きるなかで貧乏に落ち込むのだ

ボーヴォワールの『第二の性』の冒頭は「人は女に生まれない。女になるのだ」という有名な一句で始まっている。

そのひそみにならって言えば、女は生来的に貧乏であるわけではない。貧者の家に生を享《う》けるか富者の家の子として生まれるか、その確率は男女同じであろう。

差別の強い社会では、生まれて間もないころから食べ物を男児より少なく与えられて、幼い女児の生存と健康が脅かされる事実はまだ世界に残っている。そのような男女差別はとっくに克服し、平均寿命は断然女性のほうが長く、世界トップの長寿を競い合うような多くの先進国においても、女性は男性に比べて相対的貧困のなかにいる。

とりわけ他の先進国に比べて、「外の労働は男性」「家事は女性」という性別役割分業の実態が長く強くつづいてきた日本において、こと経済に関する限り女性、とくに高齢女性は男性に比べて貧乏なのだ。

家庭では「お母さんは太陽」と讃《たた》えられる。職場では結婚すれば「ことぶき退職」が常識とされ、保育所に子を預けて働く母親は、ひどいときは「母性放棄」とまで言われた。男性に父性が問われることは、つい最近までほとんどなかった——というのに。

だから女性の就労は途切れ途切れのコマ切れで、多くの場合低賃金で不安定であり、老後の年金をはじめとする社会保障につながらない。つながっても低い。被用者年金では基本的に無職・低所得の妻は夫の傘の下に入るよう設計され、そこに誘導されるよう優遇措置が講じられてきた。

女の老後は経済的不利益の総決算

税制もまた、働いていても低所得であれば専業主婦とみなされるよう誘導してきた。日本は戦後六〇年余の間、制度的に女性を「専業主婦」に誘い込み、「標準家庭」の主婦に据え、パートなどで再就職しても、賃金上昇や正社員化を望まないほうが当面有利になる仕組みをつくってきた。あえて言えば、国を挙げて、既婚女性の所得向上を妨害し、専業主婦に「偽装」させる政策をとりつづけてきた。

これが働く女性全体への賃金に影響を与えないはずはない。男女の賃金格差は今も男子一〇〇対女子七五・二（二〇二一年）とやっと七〇台半ばに乗った。ＯＥＣ

BB
BB
BB
BB
BB
BB
BB

D（経済協力開発機構）諸国で最大級の格差で、ＯＥＣＤからはもちろん、二〇〇九年八月には、国連女子差別撤廃委員会から、政治・経済・学術など公的活動への平等な参画、民法改正などと並んで、賃金格差の縮小をはじめ、雇用上の女性の地位について、二年以内に改善を図り報告するよう求められている。

生涯にわたる経済的不利益の総決算期が老後である。夫の収入を中心として暮らす時期は、社会保険料が免責される範囲で働くほうがトクでありラクでもあった。だが、年金は国民年金に比べて被用者年金の額が大きい。家族のために子育てや介護を担ってきた女性、女だからと低賃金に甘んじてきた女性は、老後にしっかりツケを回される。「貧乏」という名のツケである。

これは、世界共通の傾向とは言うものの、とりわけ性別役割分業システムが強固な日本の制度慣習が生んだ、日本名物というべき現象である。

かつてＢＢと言えばべべと発音し、フランスの悩殺女優ブリジット・バルドーの代名詞であった。**今のＢＢは貧乏ばあさんと呼んで、日本の特産品と言ってよい**。日本の男女差別と性別役割分業、それに基づく「社会」福祉でなく女が担う「家族」福祉に依存した結果が今の高齢女性の貧しさの原因である。

この「特産品」は決して海外に輸出してはならない。日本社会のなかで、女性自身が主導的役割を担って、長期的、短期的貧乏ばあさん（ＢＢ）防止計画を作成し、実践し、男女ともども老いを豊かに実らせる道を選ぶのだ。その覚悟と行動力が今を生きる人々に問われている。

家族全体に立ちのぼる貧困の影
——貧乏ばあさん事情1

なけなしの年金を家族の生活費に

日本のおばあさん＝高齢女性の貧乏ぶりというか、現在とくに困窮している例から見ていこう。

「自分の年金だけではとても自立した生活はできないのに、そのなかから家族の生活費に回すお年寄りが増えています」

と語るのは仙台のNPO宮城福祉オンブズネット「エール」事務局で相談員を務

める（二〇一〇年当時）和田英子さん。長いこと消費生活相談員として市民の暮らしの相談相手になってきた。高齢化が進むなかで、暮らしを支えるには、消費生活相談より福祉の出番が多くなったことを感じている。

近隣の介護保険事業者や地域包括支援センターから、困難事例としてＮＰＯ「エール」に寄せられる相談の一端からは、貧困の影が濃く立ちのぼる。

国民年金四万円、息子に先立たれた女性のリスク

八三歳（二〇一〇年当時）の女性は脳梗塞《こうそく》の後遺症で左側麻痺。夫は先立ち、息子夫婦と同居していたが、その息子にも先立たれた。今は、亡き息子の嫁、孫夫婦、幼い曽孫二人と本人の六人、四世代同居。家族が増え、家が手狭になってきたのでこの八三歳女性は個室どころか寝る場所も固定せず、リビングの片隅にふとんを敷いている。家族とはいえ大勢の人が枕元を通り過ぎるところに体が不自由な年寄りが寝ている――これは災害時の避難所の風景ではないだろうか。

孫夫婦の共働きで暮らしているが家計は決して楽ではない。本人の収入は月額四万円の国民年金のみ。現在、特別養護老人ホームに申し込んでいるが四万円では多床室でもぎりぎりで小遣いも残らない。

世帯分離して不足分を生活保護費で賄うことも考えられるが、地域の「保護率」を上げたくない行政の生活保護係は、家族（孫夫婦）が不足分を負担するよう主張。孫夫婦は母とわが子の扶養で手一杯、祖母の金銭的負担までする余裕はなさそうだ

――。

この事例は、日本の家族のこれからのリスクをよく物語っている。昔の女の生き方は、夫を頼り、あとは息子に頼ればよかった。この女性もそのつもりだったかもしれない。

しかし女より、男は相対的に寿命が短い。この例のように母親より息子が先立つ「老老逆縁」はよく目につく現象である。持ち家程度の資産があったとしても、夫死亡時に息子が相続していることが多いから、残された老妻は無一文。四万円の年金だけを頼りに不自由な体を引きずって生きなければならない。子育てまっ最中の孫夫婦に祖母の扶養を求めるのは酷な話だろう。

老女にとって嫁にあたる六〇代女性は、孫守りと家事と、さらに姑の世話に追われている。解決策は施設入居しかないと思われるが、年金が足りなくてその入居が危ぶまれるわけだ。

九二歳認知症、子連れ離婚の孫娘が年金を流用

別の九二歳（二〇一〇年当時）の女性は認知症がある。一〇年前まで夫婦で農業をしていたが、認知症が悪化した夫は施設に入居。夫の年金はそれで消える。

この九二歳女性の国民年金は、月額三万円のみ。要支援の介護認定を受けて、週一回施設のデイサービスを利用しているが、利用料を一年分滞納している。

三年前までは、自分で野菜などをつくり三万円の年金でひとり暮らし。それが可能なのは農業の強みだが、いよいよ本人に認知症が出て失禁が始まるとそれもできなくなる。そこへ当時三六歳の孫娘が離婚して子連れで同居するようになった。自力で外出できなくなった祖母の通帳から年金を流用し始め、それがデイサービス利用料滞納の理由だった。

二〇〇九年末、デイサービスの職員が訪問したところ、失禁し、下半身裸でストーブの前にうずくまっていたという。世帯分離して生活保護を取りつけるのが道筋なのだが、いざとなると孫娘が「面倒を見ます」と言うので話が進まない。緊急シ

ヨートステイにつないだが、こちらも未払いで介護保険利用料の借金はかさむばかり。ようやく「未払い利用料の支払いはできない」と孫娘から連絡があり、生活保護手続きが始まった。

「面倒を見る」と家族は言うが、それは年金目当てだ、という話はよく聞くことがある。それは二〇一〇年夏の一〇〇歳以上高齢者所在不明問題で一部の実態が明らかになった。伝わってくるのは、家族も高齢者本人も、ともどもの貧しさだ。低額の年金であっても高齢者はそのなかから介護保険料を天引きされている。

最近では後期高齢者医療の保険料も多くは年金から天引きで支払われている。いざ介護サービスを受けるとなると、利用料が払えず、一割負担を恐れて週二回利用できる場合でも週一回に減らす。

そういう例の多くは女性——BB（貧乏ばあさん）だ。

これでは貧しい女性にとって、日本の福祉は「高負担低福祉」ということになるのではないか。

困難事例に果敢に立ち向かう和田英子さん、七三歳（二〇一〇年当時）。消費生活専門相談員という資格を持ち、キャリアは約四〇年と長いが、既婚女性の常として「非正規」の時期が長かった。病気療養中の夫君の介護と自分の仕事の両立に取り組む日々。

「私だって、自分ひとりの年金では生活できません。だから私自身BB候補だと思っています」と和田さんは言う。

貧しく明るい貧乏ばあさん
——貧乏ばあさん事情2

男性並みに働きつづけたのに、月額一二万五〇〇〇円！

前の二例のように、生活保護の対象になるには程遠いが、ふつうに明るく生きているおばあさんの多くも貧乏のなかにいる。

「おばあさん」と言うにはまだ若々しいが、これから本格的高齢世代にさしかかる団塊世代前後、二〇一〇年当時、六〇代前半の二人の女性の暮らしを見てみよう。

T・Y子さん（一九四四年生まれ）、二〇〇九年六五歳を迎え「高齢者」の仲間入りをしている。二〇〇七年ごろ、Y子さんは落ち込んでいた。老後への展望が見えず、経済的不安に足がすくんだ。

三五歳で娘二人を連れて離婚する前から、Y子さんは簿記二級の腕を生かして中堅会社で経理事務を担当。「お茶汲みよりは高い給料をもらっていた」が、定年並みの五九歳で退職。

独身で働く娘さんひとりと同居、五六歳のときその娘さんといっしょにローンを組んで現在のマンションを取得した。それまでの貯金は頭金に消えた。ローン返済のためにまだまだ働きたい。簿記二級の資格を生かして、四か所ほど小規模事業所の経理を手伝っているが、報酬は大したことはない。六五歳を迎えたときの確定年金額は月額一二万五〇〇〇円。

Y子さんの実感では、あまりにも低すぎる！　サラリーマンの専業主婦で、夫に先立たれた知り合いが、一四～一五万円もらっている。長期間働きつづけ、保険料を支払いつづけたシングル女性より金額が高いなんて！

Y子さんが怒るのは、Y子さんのこれまでの働き方がはんぱではないからだ。母子家庭の大黒柱であり、中断せず働きつづけた。年金加入期間、厚生年金三五三か月。うち三一一か月は企業年金に加入しているから一定の上積みがある。国民年金加入が一二七か月。両方合わせて四八〇か月。これは並みの男の加入期間をはるかに上回る。それなのに、国民年金と合わせて一二万五〇〇〇円！

女性の年金額が少ない理由は、一般に加入期間が短いことが挙げられる。しかしY子さんの場合は、加入年数では男性にいささかも引けを取らない。

低年金の理由は第一に、やっぱり賃金が低かったのだ。昇進もしなかった。資格があったので「お茶汲みより高い」給料とはいえ、Y子さんが職場で働き盛りを迎えた一九七五年は、男女の賃金格差は男性を一〇〇として女性五五・八。年功序列賃金に加えて年とともに男性は役職手当、住宅手当、さまざまな名目で収入を押し上げていく。不況のあおりで春闘で賃上げ総額が抑制されると、全職員の賃上げでなく諸手当の増額でお茶を濁す。「諸手当」から取り残された女性には、なかなか「賃上げ」の恩恵が回ってこなかった。

要するに賃金が男性よりうんと安かった、というのが明白な理由である。

女性就労にやさしくない年金・税制

ここでざっと現在の年金・税制と女性の就労との関係を見ておこう。

現在の税制と年金制度が、長らく基本的に男性稼ぎ主・女性専業主婦をモデルにしてきたから、既婚女性に不利にできている。この制度が長らく、既婚女性の就労とくに高収入での就労意欲の足を引っぱってきたと言ってよい。

税制は、妻の収入が一〇三万円を超えると所得税が課税され、夫の配偶者控除から外される。連動して夫の会社の家族手当から外される場合が多い。これが「一〇三万円の壁」。

さらに第二の壁「一三〇万円の壁」を超えると、夫の社会保険上の被扶養者扱いがなくなるから、妻の国民年金保険料、健康保険料などが自己負担になる。社会保険料は、正社員なら半額会社が負担するが、非正規の場合はまずは一〇割自己負担。

この金額は結構大きい。この「特典」を守るために、パートなどで働く妻は、一〇三万円、一三〇万円の壁を超えないよう、所得調整している例が多い。労働統計によると、夫のいるパート女性のうち二五％が非課税などの特典を失わないよう「所得調整」している。すなわち収入を低く抑えているのだ（二〇〇六年）。

厚生年金等被用者年金の夫がいて、年収一三〇万円未満の妻は第三号被保険者と言って、自分の国民年金保険料（二〇一〇年当時月額一万五一〇〇円）を支払う必要がない。夫の死亡後は、自分の国民年金プラス夫の被用者年金の四分の三の遺族年金を終生受け取ることができる。もし、一定期間外で働いた場合、自分の被用者年金がある妻は、夫の四分の三と比べて高いほうを取る。たいていの場合、妻のほうが短期間・低賃金だから夫の四分の三のほうが高く、自分の被用者年金保険料は夫の死をもって掛け捨て、ということになる。

T・Y子さんが国民年金・厚生年金保険料を何十年もかけつづけてきた自分より、国民年金保険料を負担しなかったサラリーマン夫人のほうが年金が多いのはどういうわけ？　と怒るのも無理はない。私は子育て中や介護のため仕事を辞めて家庭にいる人には、年金上も何らかの報いる方法を別に考えるべきだと思っている。

それにしても、現在の制度は、負担と給付のあり方から言っても、あまりにも専業主婦優遇、というばかりでなく、既婚女性を低所得へ誘導しすぎている。夫の遺族年金は、働いている妻も専業主婦同様受給できるが、それにも一つ条件がある。年収八五〇万円以下であることだ。少し前までは八〇〇万円だった。歩合制の仕事で平均四〇〇万円程度の年収なのに、その年だけ顧客に恵まれ八〇〇万円を超え、ついに遺族年金を得られなかった、という話を聞いたことがある。

たしかに、当時の働く女性の状況に応じてできた制度ではあるだろう。

一九六一（昭和三六）年の女性平均勤続年数は三・八年と男性七・五年に比べて約半分でしかなかった。先に述べたように、公然たる若年定年制、結婚退職制、妊娠出産退職内規がまかりとおり、労働基準法にある「産前産後休暇」など絵に描いた餅。子どもを生み育てながら働きつづけられる職場は公務員、公社など準公務員、教員、ごく一部の企業にすぎなかった。

一見、女性優遇に見えても、特権は差別の結果だったりする。税制も、社会保障制度も。「妻の座」「主婦の座」という「座権」に基づく女性の特権は、個人としての人権——たとえば働きつづける権利、同じ待遇を受ける権利とか——がどこかで否定されたことへの埋め合わせであることが多い。

六〇過ぎてから「お運びさん」に挑戦

ところで低賃金に怒るT・Y子さん。そのときは将来に暗い不安しかなかったが、そこから行動を起こした。「もっと何でもして働かなくちゃ」と。

「資格を生かせる仕事」にこだわっていてはこれ以上の収入は望めそうにない。六〇歳過ぎた女性を迎え入れてくれる職場を探して求人ビラで見た大きな料理屋に飛び込んだ。募集があったのは調理場の皿洗い。思いきって「接客が好き。お運びに採用してくれませんか」と申し出たら、若々しくおしゃれな感じの外見がモノを言ったらしく、料亭の「お運びさん」に採用された。こちらのほうが時給も高い。

昼は事務所の会計係、夜は和服に着替えて料亭のお運び。石の上にも三年と言う

BB

が、三年間懸命に働きつづけ、気がついたら銀行に三〇〇万円以上の貯金ができた。銀行が自宅から不便なところにあるので、出し入れに行かなかったからお金が貯まったんじゃないか、と笑う。

筋肉痛が起こりお運びはここで辞めた。「でも関節は丈夫だしまだまだ働ける」とT・Y子さん。今年から年金も満額もらえるようになったし、何よりも三年間の奮闘の結果の預金がY子さんの心を明るくし、自信のもととなっている。

「年をとると食べる量も減ったし、着るものにもそうお金がかからない。経理の仕事は『七〇歳過ぎてもやってください』という会社もあり、これからもがんばります。楽しいこと、したいことがたくさんあります。年金だけでも上手にやれば暮らしていける自信がつきました」

会計事務と料亭のサービス係と、二足のわらじを軽々とはきこなしたY子さんは、過去の貧乏ばあさんの歴史の上に、これからの日々をHB「働くばあさん」でいこうと未来を楽しんでいる。

一五歳から働きつづけて、月額一〇万円ぽっきり

大阪府内に住むM・K子さん。六三歳（二〇一〇年当時）。一九四七（昭和二二）年生まれの団塊世代である。父は地方公務員だったが、M・K子さんが一一歳のとき死亡、勤務期間が足りなかったせいで、無年金の母子家庭で育った。だから年金問題には敏感で、離職・転職をくり返すなかでも一度も届出を怠らず、記録もきちんと保管している。

家計が苦しく、K子さんは高校進学をあきらめ、一五歳で紡績工場に勤めた。定時制高校を四年かけて卒業し、さらに働きながら夜間の専門学校に通って、幼稚園教諭の資格を取った努力家である。

K子さんの被用者保険（厚生年金）加入歴を見ると、前半の七年間が学びながら働きつづけた紡績工場など。後半は資格を生かして社会福祉法人の保育施設に勤めた一三年、合計約二〇年。正確に言うと二二九か月となる。

自分自身の腰痛などの職業病、三人の子のなかで障がいのある子どもの世話、夫

の仕事の関係などで、被用者年金は三五歳のときで途絶えている。しかし国民年金には、あるときは一号として、あるときは夫の被扶養者の三号として加入しつづけてきた。この間、五二一か月。並みの男にまさるとも劣らぬ長期加入である。

実は、K子さんの実感では福祉施設退職後も専業主婦だったことはなく、働きづめだった。あるときは脱サラした夫とともに自営業を担い、外へ出られるときは臨時・パート、できることは何でもして働いてきた。直近の一五年間つづけた仕事は、運送業の夜間六時間のパート。昼間は数年前脳卒中で倒れた夫や病弱な娘の通学などの面倒を見るので、「夜の勤めはちょうどよかった」と言う。

厚生年金二〇年、国民年金は最長記録に迫る四五年の加入歴。それで、M・K子さんが六五歳から受給できる金額は――。

まさにジャーン、と言って発表したいところだが、つい最近、この原稿のために自身で社会保険事務所へ行って確認してきてくれた。

月額一〇万円ぽっきりである（二〇一〇年当時）。

正確に言えば、年額（見込額）一二〇万七七〇〇円。

K子さんの自覚では、中学卒業以来ほとんど四五年間、外の仕事で働きつづけた。それが厚生年金などに反映されないのは、ひとえに正職員としての加入歴が二〇年しかなく、あとの二〇年以上の身分がパート・臨時であったため年金に反映されないのだ。年金は何と言っても、被用者年金が「お徳用」である。会社が保険料の半分を負担してくれる。これまでの中高年の女性の多くは、いったん退職すると、「お徳用」の正社員への道は閉ざされていた。K子さんはそのひとりである。

会社が解散！　でも「貯金ができるのはこれからや」

年金が満額支給される六五歳までは働きつづけようと思っていたのに、M・K子さんは二〇一〇年の夏で一五年勤めた運送会社を解雇された。K子さんひとりがクビになったのではなく、会社自体が解散することになったのだ。

「年金まであと二年。どうするんですか」

という私の質問に、M・K子さん自身は少しも深刻にならずに答えた。

「もう部分年金は受けていますし、何でもして働きますわ。わたし、こうしている間に、ヘルパー二級、ガイドヘルパー、苦情処理相談員、たくさん資格を取りました。何か一つくらい役に立つものがありますでしょ」「お父ちゃんの年金一四万円、わたしが一〇万円。国民年金だけよりは働いてきてよかったと思っています。公的制度で支払うものはきちんと払って、利用できる制度は目いっぱい使わせてもらいます」。ちっともめげていないのである。

M・K子さんは亡くなった母上の話をしてくれた。一九〇八（明治四一）年生まれ、八六歳で亡くなった。母子家庭の世帯主として、内職や工場勤めをして働きつづけた。被用者年金のある職場を探して一〇年間、そこで月額三万円の厚生年金を得た。あとは臨時・パートで働きながら国民年金三万円。六五歳以上は計六万円の年金を得ながら、そのときどき何かして働き、質素に健康に生き、亡くなったときは一〇〇〇万円の貯蓄があった。

K子さんは「今、私の預金通帳の残高はほとんどゼロです。でも、ウチのお母ちゃんを見ていると、わたしも貯金ができるのはこれからやと思っています」。

「おひとりさま」女性のお財布事情

「おひとりさま」はなぜ増える？

二〇〇七年上野千鶴子さん著の『おひとりさまの老後』以来の「おひとりさま」ブームは、たしかに高齢世帯の動きを反映している。

かつては老いてひとり暮らしをすることは、親子ともども世間から白い目で見られたものだった。世間体のために都市の子ども家族に呼び寄せられる高齢者の移動が一九八〇年代から九〇年代に多く見られ、「呼び寄せ老人」「引き取り老人」と一般に呼ばれ、行政用語では「不本意同居」と言った。

二一世紀にかかるころから、親の側にも子の側にも意識の変化が見られるようになる。

変化を支えたのは、高齢者を取り巻く制度と環境の変化である。私は一に年金制度の充実、二に介護保険制度の創設と普及だと思っている。

国民年金の当初は月額一万円ほどで孫に与えるアメ玉年金と言われたものだった。今、年金受給世帯は、高齢世帯の九五・三%に及ぶ。高齢者家計の収入の六割を年金が占めると同時に、「年金だけが収入源」という高齢世帯は四八・四%。(厚生労働省「令和元年国民生活基礎調査」二〇一九年より)

子どもと住むより、住み慣れた自宅で死にたい

それでも老いが深まり、生活身辺の自立が危うくなると、高齢者は子の世帯へ合流せざるを得なかった。

ある村を訪ねたとき、長老から「きのうも老人会仲間の送別会がありました。車を見送って、みんなで〝あの人もとうとう子どものところへ死にに行くんだねえ〟とうなずき合うのです」。

住み慣れたところがよいか、子という責任者の周辺で生涯を終わるのがよいか、多くの調査によると、多数派は「住み慣れたところ、自宅」でできるだけ長く過ごしたい、と願っている。それを一定程度かなえたのは、二〇〇〇年四月の介護保険制度の導入である。

要介護認定を受けて認められれば介護度に応じてヘルパーが派遣され、入浴つきのデイサービスなどが利用できる。

介護保険制度は今も問題山積ではあるが何はともあれ、高齢者のみで暮らす期間をとりあえず延長することができた。介護保険制度改定（二〇一二年）を前にして「介護保険をおひとりさま仕様に」「介護保険を共働き、家族就労仕様に」という声が高く上がっている。

とにかくこうして「老夫婦」「おひとりさま」化は着々と進み、世帯類型別の将来予測によれば、二〇〇七年現在四三三万人のおひとりさまは、二〇三〇年には七一七万人に。おふたりさまは一一三七万人（約五六九万世帯）に増加する。二〇一九年、六五歳以上のなかに占める「おひとりさま」プラス「おふたりさま」世帯の比率はすでに半数を超え六一・一％、かつて日本の高齢者を含む家族の典型だった「三世代世帯」は九・四％の少数派になってしまった。

子ども夫婦とりわけ嫁は、気楽な核家族を願望していたに違いない。それ以上に高齢者側も老夫婦ないしひとりの気楽さを望んでいたのではないか。若夫婦だけの願望だったら、こうも急速に別居が増えるはずはない。

日本に長らくつづいた保守政権は「三世代同居は高齢者にとって何よりの喜び」「家族介護は美風」と唱えつづけたのに、日本の高齢者家族の実態は「伝統」を裏切りつづけている。

思えば、日本の間仕切りだけの住宅構造で、二世代、三世代の夫婦が長期間同居をつづけること自体に問題がある。かつての親子同居期間、ことばを換えれば嫁姑同居期間は、たかだか十数年だった。今はその期間は半世紀に及ぶ例も。

最近、私が回答を担当しているメディアの「人生案内」で、八〇代半ばの女性から六〇代の嫁が近ごろ不機嫌で困る、という相談を複数受けた。かつて六〇代の女性と言えば姑か祖母がその家族的役割であり、「嫁」であることはあり得なかった。

人生一〇〇年社会が到来し、いちばんくつろげるはずの家族のなかで、常時だれかの動静を気づかい、息をひそめて生きるには、嫁姑の時間は長すぎる時代になったのだ。

八〇代女性の七割以上がおひとりさま

だれだって、老いも若きも、自分の居場所ではのびやかに呼吸をしたい。それが今の老核家族化の最大の要因で、長寿化に対応して人間の生理的反応がもたらした結果と言ってよい。

二〇二〇年の調査（内閣府「令和元年高齢者の経済生活に関する調査」）では、六五歳以上のひとり暮らしは約六七〇万人、うち女性は約四四〇万人で、三人に二人弱（約六六％）は女性である。今後も生涯独身や離婚の増加などの理由で男性の単身率が増えていき、二〇二五年の予測では男性がひとり暮らし高齢者の約三分の一を超える見込みである。それでもひとりの老後の多数派は女性である。

その理由は、有配偶率の年齢別変化を見れば明らかであろう。多くのおばあさんも、おじいさんも、はじめからひとり暮らしではなく、夫婦二人暮らしがかなり長くつづいたのち、連れ合いに先立たれてひとりになる。

高齢者がひとりになっても子世帯に吸収されなくなった。ひとり暮らしが何とか成り立つ条件ができてきた。平均寿命七歳の男女差に加えて、今の高齢夫婦では夫のほうが平均三歳ほど年上である。

もちろん妻に先立たれる男性も数多く、独居の高齢男性にはとりわけ多くの社会的サポートを必要とする例が多い。が、大ざっぱに言えば男性は「妻のいる老後」が八割がた固いのに対して、女性は七五歳過ぎたら、平均寿命に一〇余年を残しながら「おひとりさま」が五五％と過半数を占めるのである。

八〇代ともなれば、女性は七割以上が配偶者関係では「おひとりさま」だ。ひとり暮らしは、女の老いの風景としてあたりまえになりつつある。おひとりさまの老後のネットワークをつくったり、提案したりするのがまずは女性であるのも当然の話だろう。

「おひとりさま」女性の経済状況

その「おひとりさま」女性高齢者の経済状況を男性と比較してみよう。（この項では、とくに断りがない限り、内閣府男女共同参画局「高齢男女の自立した生活に関する調査」二〇〇八年に基づく。また、以降この章では「調査」と記す）。

男性のひとり暮らし高齢者のなかには病弱その他さまざまな理由で継続的就労の機会を得られず、結婚・家族に恵まれなかった例が少なくない。だから、同じひとり暮らしでも女性高齢者のうち生活保護受給率は八・五四％に対し、男性は一五・一％とほぼ二倍に達する。少数ながら男性単身者の貧困は注目する必要がある。

しかし、高齢者全体の生活保護率は二・二％、男女別では、女性二・二％、男性二・一％と男女比はそう変わらないが、数にすれば女性約二三万人（男性二三万人）と女性が多い。そして、生活保護者全体のうち六五歳以上が三八・七％を占める（二〇一〇年当時）。やはり老いは貧困に身近である。

（文庫版補記：二〇二一年の厚生労働省調査では、生活保護受給世帯約一六四万のうち、六五歳以上の高齢者世帯は約九〇万九〇〇〇世帯で全体の約五五％を占める）

ひとり暮らし高齢者の年収を見れば、女性側の貧しさは一目瞭然だ。

年収一二〇万円以下はひとり暮らし男性一七・三％に対して、女性はほぼ四人にひとりの二三・七％。年収一八〇万円以下は女性の約半数を超える。男性の場合は三三・四％と三分の一程度だ。

逆に高収入の側を見ると、三〇〇万円以上は男性が二九・三％とほぼ三割に達するのに対して、女性でそれだけ収入のある人は、一三・九％と男性の半分以下だ。

ここで見落としてはならないのは、ひとり暮らし以外の、夫婦や子どもと同居する女性の貧しさである。女性の年収は、全体として低いと言っても「単身・夫婦・

高齢者の年間収入

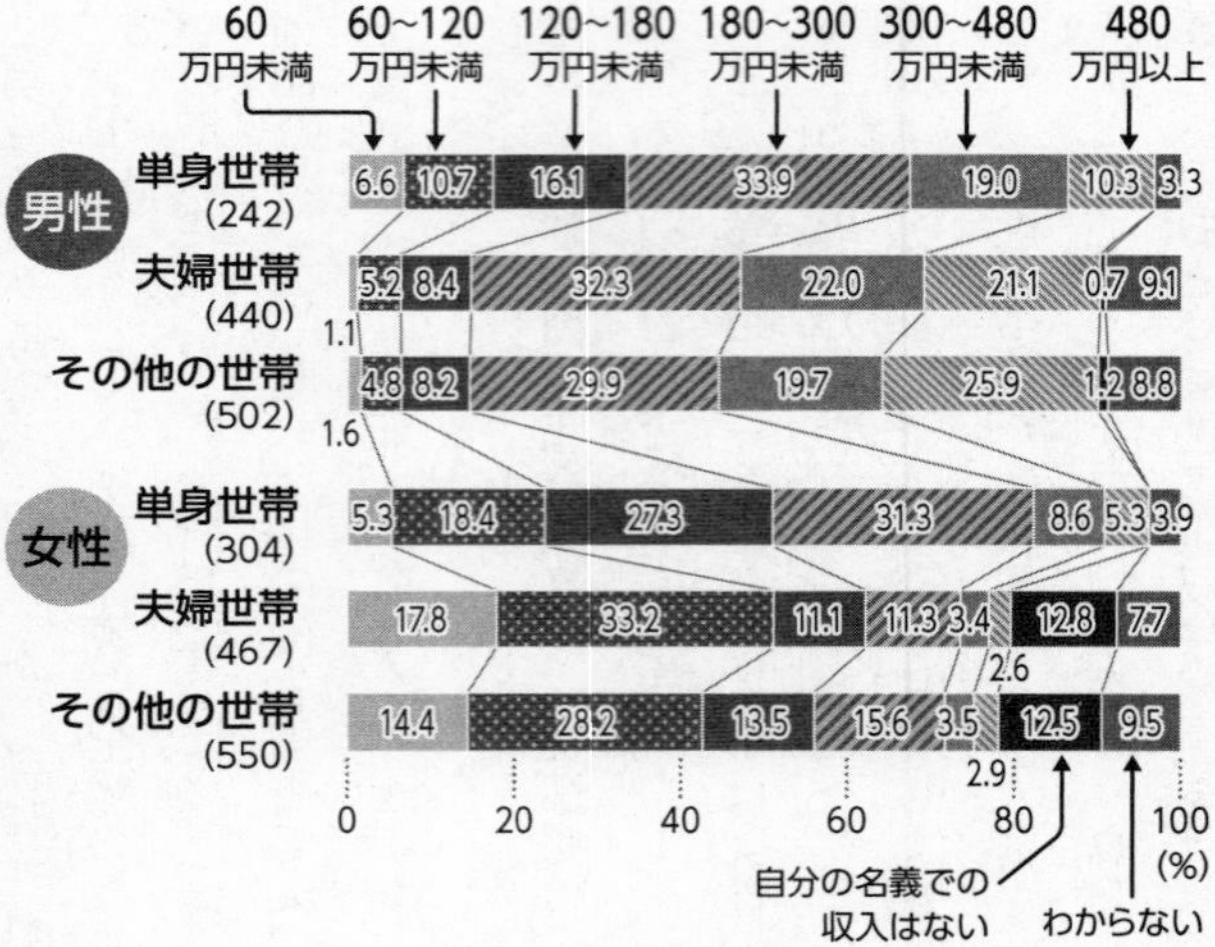

平均額

男性	単身世帯	285.6万円
男性	夫婦世帯	395.5万円
男性	その他の世帯	432.0万円
女性	単身世帯	218.3万円
女性	夫婦世帯	115.8万円
女性	その他の世帯	134.0万円

資料：内閣府男女共同参画局「高齢男女の自立した生活に関する調査」（2008年）

その他」の三類型のなかではひとり暮らしがいちばん高いのだ。ひとり暮らしには一定の経済力が必要、という事実がここで裏付けられる。

今、夫がいて、子その他の家族がいて、かなり豊かな年収のなかにいるとしても、女性個人の収入は少なく、夫の死後、被用者年金の遺族年金がある場合はまだいいが、夫婦とも国民年金と夫の稼働収入で生計を立てていた家計は、一挙に貧困に落ち込むことになる。

「自分の名義では収入がない」という回答が女性に目立つ。さすがにひとり暮らしにはいないが、夫婦世帯では一二・八%、その他の世帯では一二・五%と一割を超えている。この調査は五五〜七四歳を対象としているから、まだ年金年齢に達していない人もあるだろう。

それにしても、男性には「自分の名義の収入はない」が限りなくゼロに近いのに対して、ひとりでなく「複数世帯」にいる女性の低収入には胸を突かれる。何かあったらたちまちＢＢだ。

女の一生と働き方

非正規雇用は社会保障につながらない

女性の収入の低さが、それまでの生涯にわたる働き方と低賃金の結果であることは、T・Y子さんやM・K子さんの事例ではっきりしたが、さらに「調査」のデータで確認してみよう。ひとり暮らしであるかどうかは問わず、すべての世帯類型のBB発生原因である。

女性だって結構外で働いているのに、正規雇用期間の平均が男性は三五年であるのに、女性は半分以下の一七年だ。まったく働かなかった、という女性は全調査対象の五・五％にすぎないのに。

雇用期間が二五年未満の正規雇用率は、男性が一〇％台なのに、女性は約半数を占める。逆に二五年以上では男性は七割、女性は三割。この大格差が年金額の差につながる。

（文庫版補記：二〇一七年八月より、資格期間が一〇年あれば老齢年金を受け取ることができるようになった）

二〇〇八年、新しく年金受給者となった男女の厚生年金の額は、男子一〇万七七八円、女子五万六四六円。女性は男性の五〇・三％と約半分である。仕方がない、被保険者期間が男子四二七か月なのに、女子はそのおよそ八〇％の三四〇か月。標準報酬月額が男子四四万四〇八円に対して、女子二五万六一六四円。男子の五八％。やっぱり安月給イコール安年金が証明されている。それでも厚生年金がある女性は幸せなほうだ。受給時はこれに自分の国民年金が加わる。新規裁定者のうち男性七二・四％。女性は二七・六％にすぎないのだから。

(文庫版補記：二〇二一年・令和三年度の標準報酬月額の平均は、男子三六万二〇〇〇円、女子二五万二〇〇〇円)

非正規雇用の場合、まずは被用者年金につながらない。雇う側がパートなど非正規雇用を望む一つの理由は、企業主が払わなければならない社会保険料(本人と企業が半々で負担)にある。

厚労省社会保障審議会の年金部会では、二〇〇三年、「年金制度改正に関する意見」を発表、そのなかには男女共同参画社会基本法(一九九九年)の精神を反映して、多様な働き方への対応、個人のライフコースに対して中立的な制度、などが盛り込まれた。そしてパートの場合、週二〇時間以上、あるいは年収六五万円以上の人は厚生年金に組み入れる、という案も列記された。

しかし、二〇〇四年の年金改革法案には盛り込まれなかった。女性パートを多数雇用する小売業、外食産業の業界の猛反対に加えて、当の働く女性たちが、事業者の意を受けてか多くの署名を送り届けたため、先送りされてしまった。

（文庫版補記：二〇二三年二月、国会でもパートで働く主婦などが直面する年収の壁──所得税が課される「一〇三万円の壁」、厚生年金などの社会保険に加入する義務が生じる「一三〇万円の壁」など──について議論はされたが、撤廃まではまだ時間を要すると思われる）

たしかに厚生年金に加入すれば、毎月保険料が差し引かれ目先の収入は減る。しかし、同じ額だけ雇い主が負担していること、それが将来の自分の厚生年金として返ってくることを忘れてはなるまい。社会保障に詳しい大沢真理さん（東京大学社会科学研究所教授＝二〇一〇年当時）に聞いた。

「『生活保障システム』には、①男性稼ぎ主、②両立支援、③市場志向の三類型がありますが、日本はもっとも強固な男性稼ぎ主型です。年金給付水準は、性別平均賃金に対して男性稼ぎ主世帯が六四・五％、共働き世帯は五〇・五％、イギリス・ドイツと比べてはるかに格差が大きい。既婚女性の就労が報われないようになっています」

「その結果、二〇〇〇年度、相対的貧困率と所得不平等度はＯＥＣＤ諸国トップクラスになりました。自殺率は世界で女性三位、男性一〇位。そして、ご存知のとおり出生率は世界で最低レベルです」

最近は被用者年金加入者が男女とも減少しているという。雇用の非正規化・不安定化が進んでいるからだろう。ちなみに、女性雇用者のうち非正規の比率は二一世紀に入ってずっと五〇％を超える。最近は若年男性も増え、男性全体の非正規率も平均約二〇％に迫っている。「稼ぎ主」の男性を見つけて結婚すれば、女の一生は安泰、という時代は男性側からも崩れている。もちろん男女を問わず雇用を安定化し、貧富の格差を縮めることが先決であるが、それは「男性稼ぎ主」型を強化する方向とは違うだろう。

大沢さんは言う。

「二〇〇九年一一月、OECD事務局長のコメントに、日本の成長戦略として女性の就業率アップが鍵、とあります。女性の就業の足を引っぱる問題点は、ワークライフバランスの困難、雇用の非正規化・年功制、税・社会保障制度などが指摘されています」

人生一〇〇年時代、日本の持続可能な成長戦略のためにも、そろそろ税・社会保障制度を変える時期である。

女性の賃金はなぜ安い？

それにしても、女性の賃金はどうして安いのか。昔々はともかく、戦後六〇年以上を経て、どうしてその差がなかなか埋まらないのか。女性の就労が主として家庭のケア役割によって中断され、非正規雇用化され、勤続年数が短い、というのが女性の老後の低年金に直結していることは前に述べたとおり。もう一つは、パートはもちろん正規で働きつづけても女性は安月給だから安年金という帰結となる。

ここでは、賃金問題研究の大家・孫田良平さん（一九二〇～二〇一五年）の道案内で、女性の「安月給の歴史」をたどってみよう。

女性が近代日本の職場に大量に進出したのは、国策として紡績産業が起こり、多くの女性が工場労働者に就業したころから始まる。その労働実態は『女工哀史』（細井和喜蔵著・一九二五年）に報告されたように、長時間労働、低賃金、劣悪な寄宿生活による自由の束縛——であったことは今に伝わっている。貧しい農村から、ときには身売りに近い年季奉公で働いたり、賃金も「食い減らし」のことばがあるように低いものだった。

女性の就労の背景に、農村を中心とする貧困があった。食い減らしのために故郷を出て、「嫁入り前」の短期間の出稼ぎとして、全生活を監視される寄宿舎で過ごす。「嫁入り先」を見つけた親から呼び返され、今度は「嫁哀史」ともいうべき農家の嫁という労働がつづく。

「そういう封建時代からの伝統があるので、戦時下に政府が決めた『戦時統制令』（第一次＝一九三九年、第二次＝一九四〇年）で、ブルーカラーの場合、女性は男性の八割と明記された。また月給制（ホワイトカラー）の『会社経理統制令』で、初任給は中学校（男子のみ、今の高校）卒、四二円、高等女学校（女子のみ、今の高校）卒、三三円と、女性は男性の八割という格差がつけられた。しかも、新卒でない場合、中学（男子）は一・二円、高女（女子）は一・五円の格差をつけられていた」

そう言えば、女性参政権運動の戦前からのリーダー市川房枝さんが、「同じ師範学校を出て、家事や音楽を余分に教えているのに月給が男性より二円安かった」と直接お聞きしたことを思い出す。同資格の師範学校卒の教員で二円、同年齢の中学・高女卒では九円の差！

国連から指摘・改善を求められるほど

「それにしても」と私は孫田さんに質問した。「八割ならまだマシです。日本の現在でさえ女性の賃金はなかなか七割に達せず、国連・女子差別撤廃委員会から指摘・改善を求められています。だいたい一九七〇年の統計を見ると、男性の半分以下の四八・二%でしかありませんでした」

孫田さんは「その理由は、女性は勤続年数が短かったこと、長く働いても女性は昇給しないこと、昇進昇格による『役付き』になる比率が極めて低いこと」と言う。

それはその後もつづいている。

二〇〇八年の「賃金構造基本調査」（厚生労働省）を見ても、たとえば高卒（一八～一九歳）では所定内給与月額男性一七万三〇〇円、女性一六万二一〇〇円と大差はないが、三五～三九歳で男性二八万六八〇〇円、女性二〇万三〇〇円、四五～四九歳ともなれば、男性三三万九四〇〇円、女性一八万九七〇〇円と五五・九%にまで下がってしまう。（文庫版補記：二〇二一年の「賃金基本構造調査」では、高

卒では三五～三九歳男性二八万四七〇〇円、女性二一万六〇〇〇円、四五～四九歳男性三三万二七〇〇円、女性二三万四七〇〇円）

孫田さんは言う。

「大卒男女別の部課長就任率を見てみましょう。四〇代後半、大卒男子は三割以上が就任しているのに、女性はたった一％と大差があります」

「平均賃金格差の主たる要因は、このように職務差が大きいことです。あとは残業などの割増賃金や、通勤手当、家族手当、住宅手当など、夫がいると世帯主手当が受けられないという例が過去にありました」

「なぜ女性を昇進させないか、が真の問題です」と孫田さんは言う。最近（二〇一〇年当時）の管理職につく女性を国際的に比較すると、アメリカでは管理職中女性比率四二％、イギリス三四・五％、ドイツ三七・七％に対し、日本はわずか九・六％。途上国でもフィリピン五八・〇％、シンガポール三一・七％。日本より低いのは韓国の八・三％くらいだが、韓国はクォーター制を敷くなど改善に取り組んでいる。それなのに日本には根強く、「女性自身が昇進を望まないいんですよ」という声がある――。

女性の職場における役職者の少なさは、今や国際的に見て日本名物になってきている。そして日本名物BB＝貧乏ばあさん発生理由の一つを形成している。二〇一〇年八月末、共同通信社が主要一一〇社を対象に行った調査でも、女性課長は全体の五・四％止まりだった。

でも、ようやく一部の経営トップは、これではいけない、と思い始めたらしい。最近、女性の管理職登用をめざす民間企業の動きが活発になってきた。厚労省は、おそらく国連・女子差別撤廃委員会の指摘に応えるためであろう、二〇一〇年八月末、「男女間の賃金格差解消のためのガイドライン」を発表している。

（文庫版補記：二〇二二年七月「帝国データバンク」の調査では、女性役員の割合は平均九・四％。また、二〇一九年のＩＬＯの調査では、女性管理職の比率は、アメリカ三九・七％、イギリス三六・五％、カナダ三五・九％、フランス三四・〇％、ドイツ二九・一％、イタリア二七・三％、日本一四・七％とＧ７中最下位。アジア

のなかでも、フィリピン五〇・五％、シンガポール三八・九％、韓国一五・七％と日本より高い）

高齢女性の持ち家率は？

経済的条件と言えば、住宅はじめ資産の有無も老後の設計に大きな影響を与える。持ち家があるかどうかは、家賃が払えない経済状況になったとき、少しオーバーに言えばホームレスになるかどうかの瀬戸際である。

住宅問題はとくに単身者にきびしい。夫婦・その他世帯の持ち家居住率がほぼ九〇％というのに、男性単身者は四一・三％、女性単身者は三四・九％（二〇一〇年当時）が持ち家以外——多くは木賃アパートかマンションなどに違いない——に住んでいる。単身者の「持ち家以外」は、男性のほうに高く、いわゆるホームレスがほとんど男性であることの理由の一つかもしれない。

（文庫版補記：二〇一四年「総務省全国消費実態調査」［現全国家計構造調査］に

よると、持ち家率は、二人以上の世帯が八二・四％、男性単身者五〇・三％、女性単身者六九・〇％となっている）

少し前までは、住宅の所有者は男性、夫、であることが当然であった。専業主婦家庭では稼ぎ主が夫だから、家の名義人は夫になる。今の七〇歳ぐらいまでは、妻が共働きで夫と同額の貯金をはたきローンを支払っていても「夫の面目が立つように」と名義は夫ひとりにする例もあった。

近ごろの共働き家庭は、最初から共有名義にしているようだし、結婚二〇年以上の夫婦は、約二〇〇〇万円を限度に居住用の資産を一方の名義にしても、贈与税はかからないことになった。今ではかなり多くの高齢女性が自分名義の家を持っている。

少し古い資料だが、私たち「高齢社会をよくする女性の会」が（財）倶進会の助成を受けて二〇〇二年に行った「高齢女性の住宅に関する調査」によれば、いわゆる「持ち家率」は一戸建て、集合住宅と合わせて八八％。調査対象は当会会員を中心として労組加入者、離婚当事者グループなど、平均年齢六〇歳。政府の「持ち家」の定義は「借家でないこと」などで、これだけでは所有名義がだれか不明である。

この調査では「持ち家」と答えた九割の人に、所有者の名義を聞いたところ、「夫」が六〇％、「自分自身」が三九％、「夫婦共同名義」が一四％、重複回答があったようだが、文字どおり「自分の家」に住む高齢女性が約半数いることがわかった。「現在の同居者」は「夫」が六七％、「ひとり」が一八％。親子の別居希望は過半数に達している。持ち家を取得した本調査対象のような中間層と、借家・借間に住む人とでは老後の安定が大きく違う。低所得でも安心して住める高齢者用住宅、とくに単身者用住宅の整備は、男女を問わず老いての貧乏退治の必須要件である。

何と言っても専業主婦にとって住宅取得の最後のチャンスは夫死亡時の相続であり、多少とも資産を持つ階層の家族では、親からの相続によって女性が自分名義の家を得る例も散見される。

といって、相続でこれまで夫とともに住んだ持ち家が自分のものになるとは限らない。子がある場合、妻（配偶者）の法定相続分は二分の一。相続税無税という特典がある。しかし、遺産が持ち家しかなく子どもと分ける場合、妻は家を売り払い、引っ越しをしなければならない。

そうした女性が「年だからぜひマンションは三階まで」という条件で探したが、見つからず、ようやく四階に落ちついた。「女三階（三界《がい》）に住む家なし」。夫に先立たれた女ひとりの引っ越しというのは、私の身のまわりでもよくある話である。

第3章

働く女性の「すべり台三度笠」

――BB（貧乏ばあさん）へのロードマップ

安定した働き方から落ちる「女のすべり台」

生涯に三度ある女性ならではのすべり台

くどいようだがもう一度、ＢＢ（貧乏ばあさん）の発生過程について述べたい。本章では、今を働く現役の女性たちに向けて、私自身の経験を踏まえて語りたいと思う。ＢＢは今の今を生きる若い世代の問題なのだ。

人がまともな人生からすべり落ちてしまういくつものリスク。二〇〇九年の新春に向けて「年越し派遣村」を設定した『反貧困』（岩波新書）の著者、湯浅誠さんはそれを「すべり台」と呼んでいる。このすべり台、いったん落ち込んだらなかなか元に戻れない。湯浅さんは二〇〇八年ごろから顕著になった寮住まいの派遣労働者が、いわゆる派遣切りのおかげで仕事と住まいと収入を一挙に失い、社会保険からも疎外されてたちまち生活困窮者となることを指摘した。今回はその「すべり台」の用語を働く女性の一生に使わせてもらった。

日本国憲法二七条は言う。

「すべて国民は、勤労の権利を有し、義務を負う」

日本国憲法のなかで、私がもっとも愛する文言の一つである。「働く権利」を男だけでなく「すべて国民」のものとしている平等感。そして勤労を「権利」としてだけでなく、国民の国家社会への「義務」と位置づける、すがすがしい平衡感覚。

中学生だった私は、新しく制定された憲法のなかにこの文章を見て胸が高鳴った。「私も生涯を通して何らかの適職を見つけて経済的自立を果たし、税金を納めて社会を支えるだけでなく、働くことで世の中に何らかの貢献ができる人生を送ろう」と。もちろん、結婚し家庭を営み子どもを育てる。「戦後」という新しい時代は、

20代

卒業・就職・結婚

30代

I 第一子誕生

- 保育所 =足りない
- 再就職保障
- 育児休業 =育休切り
- 短時間勤務等 =夜明け前
- 夫の育児参加 =世界に冠たる意気地なし

5割近くが退職
（社会保障から外れる）

下がり続ける出生率

40代

II 夫の転勤・転職等による妻の離職
パート就労

- 中年女性の起業・NPO支援
- 中年女性への再入学・奨学金
- 中年女性の資格取得等のための再チャレンジ支援

働く女性の
過半数が非正規雇用

II' 離婚

- 子どもへの奨学金
- 保育所・放課後対策
- 母親の就労支援

離別母子家庭が
119.5万世帯、全世帯の
平均収入は564万円、
母子家庭は236万円

夫がリストラ奈落の底

働く女性　人生のすべり台三度笠

50代

Ⅲ

正規雇用生き残りを阻む介護の壁
パートにもやがて定年

年間約10万人の介護・看護離職者

- 管理職男性が辞めずにすむ介護と仕事の両立システム
- 介護退職者への年金加入期間算入
- 介護終了後介護退職者の就労斡旋
- 介護休業制度の大幅改善

60代、70代、80代

働きたい！
男女とも就労動機でもっとも多いのは「生活の維持」

女性は高齢者の6割

- 高齢女性への就職斡旋
- 高齢女性の働き場所開発

最後のすべり台

高齢女性の全国的課題

- 2050年前後には65歳以上の女性が全国民の4人に1人
- うち半数は被用者年金なし!?
- 日本名物BB（貧乏ばあさん）大発生
- BBB（貧乏ばあさん防止）計画をすぐスタート!

女性にとってもそういう人生があたりまえのように開かれると信じた。
この少女の胸の高鳴りが錯覚とわかるまでそう時間がかからなかった。

「女のすべり台三度笠」の図表（一〇〇〜一〇一ページ）は、二〇〇九年三月、当時の麻生太郎総理が有識者約九〇人から意見を聴取したときの私が発表資料として提出したものである。

現在の働く女性は、一生のうちに三度、かなりの確率で生涯にわたる安定的な働き方コースからすべり落ちる。男性も、景気の変動や政策の如何《いかん》によって、たとえば不安定な非正規雇用者が若年層の三割を占めるなど、巨大なすべり台が待ち構えている。

しかし女性は、その男女平等なすべり台に加えて、女性ならではのすべり台が少なくとも生涯に三度あるのだ。三度笠というのは、女性のライフコースに応じてすべり台から落ちる前に、あるいは落ちてからも、まともなコースに復帰できるような笠（傘）をさしかけることで、つまり政策のことである。

私もすべり台からすべり落ちたひとり

私自身一度目のすべり台から簡単にすべり落ち、ほんの一にぎりのラッキーな人間として正規職員に這い上がってきたものの、中年過ぎて親の介護に直面、三度目のすべり台に落ちかかったひとりである。

一九五六(昭和三一)年、私は大学を卒業して就職した。「すべり台」の図には、二〇代のライフコースに、「卒業・就職・結婚」とさりげなく併記してあるが、こう書けるようになったのは、長く見て最初の男女雇用機会均等法(一九八六年)施行以降、短く見れば施行から一三年後、大幅な見直しが施行された一九九九年以降、たかだかこの一〇~二〇年にすぎない。

私が大学を卒業した半世紀前はもちろん、それ以降もざっと三〇年ほど、あの憲法制定から数えれば四〇年以上、女が働くことは男性とは違った位置づけがされてきた。男性が働くことは、妻子を養うため当然の話。女性は本来、経済的には夫に扶養されて家庭を守る存在、若い未婚女性のうち短期間の就労が「社会見学」「嫁入り支度」「腰かけ就職」と呼ばれ、「職場の花」として働き、花の盛りに「ことぶき退職」イコール結婚退職をするのが女性の定食コースだった。女性には三五歳とか四〇歳の定年制をもつ企業はザラだった。女子アナと言えば今も昔も若い女性憧れの職業だが、大手民放のなかには女性の定年二五歳、三五歳という局もあった。定年後は一年契約更新、だから事務職を含めて本社正社員に三〇歳過ぎの女性は、職場からまずは見当たらなくなる。

私が卒業した一九五六（昭和三一）年、大卒の女性が就職口を見つけるのは至難の業だった。マスコミ各社は何年置きかに女子の受験を認め採用することがあったが、一般企業は大卒女子に見向きもせず、受験の機会も与えず門前払い。どうしても就職したい大卒女子は、教員になるか、一年に何人も採用しない国家・地方公務員の試験を受けるか、針の穴をくぐるような司法試験、公認会計士試験などに挑戦するか——男性と同じ定年までの就業が認められる職場はほんとうに少なかった。

私は、いくつもの新聞社から門前払いを食ったり、いい線まで残されたものの結局女性は要らないと落とされたりしたあげく、やっと時事通信社が拾ってくれた。

戦後一〇年ぶりの新人採用で、職場は男女とも一〇歳以上年上の人たちばかりだった。中年の男性記者たちは「ババアがいてもジジィ通信とはこれいかに」と笑っている。私自身の覚悟と力量が不足していたのでお恥ずかしい限りだが、私は志気沮《しきそ》喪《う》し、二年足らずで結婚退職。夫に従って地方都市の社宅に移り住んだ。若い女性として結婚はみんなと同じ道を生きる安心・安定の人生コースで、相手には満足していたが、胸の底に挫折感があった。

こうして私は、第一のすべり台を半ば自らすべり落ちて専業主婦となった。すべて自分の愚かさのせいである。家庭では妻、主婦、母としてとにかく期待された。職場に長年とどまる女性の多くがどんなに期待されない存在か、私はその後いくつかの職場を歩いて思い知ったのである。

「ことぶき退職」が決まった若い女子社員が他課の課長席に挨拶にやってくる。制服を脱いで盛装して、ときには和服で。何はともあれ、結婚という慶《よろこ》びごとを目前にした女性は美しい。その女性の挨拶に愛想よく応じたあとで、課長席周辺の男たちは口々に言うのだ。

「〇〇さん、あんなにきれいだったっけ」

「いいなァ、花嫁さんか。やっぱりいい娘《こ》から早く売れていくねぇ」

居並ぶ女性社員は「売れ残り」の視線に耐えなければならない。

女性の平均勤続年数は、均等法ができるころから少しずつ延び始め、今や九・七年と男性の一三・七年との差を縮めている（二〇二一年「賃金構造基本統計調査」厚生労働省）。しかし、一九七〇年には女性四・五年、男性八・八年とほとんど二倍の格差があった。中高年で働く女性というのは、何か事情のある気の毒な女性とみなされた。

働く女性の出発点——昭和のはじめ

かつて「働く女性」に世間の光は当たらなかった

職場で働く女性が世の中に目立つようになった一九三一（昭和六）年。東京市役所（現在の東京都庁）は、行政的にはおそらく全国初の「働く女性調査」を行っている。東京市内（当時）一八八社の工場とそこに働く二万人の女子労働者と使用者側を対象としたもので、採用方法、家庭関係、生計など多岐にわたる調査を行っている。

「久しく『開かずの扉』として世人の謎とされてゐた職業婦人の実態は本調査に依って初めて究明せられたのである」という東京市統計課の前文にあるとおり、当時「働く女性」は存在しているにもかかわらず世間の光は当たっていなかった。

この調査で明らかになったのは、当時働く女性の就労目的の八割は「家計補助」、八三・四三%が未婚、死別・離別を除いて夫のいる割合は一一・六二%と一割そこそこ。子持ちは全体のわずか八%。平均年齢は出されていないが、二五歳までで八割を超える。年齢区分の最高は「五〇歳以上」で一・六〇%。

調査報告書は言う。

「人生の行路に行き暮れて、いまだかくも巷に出て働かねばならないのか。その多くは掃除婦や炊事婦である。彼女等こそ華やかなる職業婦人の名に背いて、蔭に隠れた働き手なのである」

昭和初年、五〇代以上の就労女性「働くばあさん」への見方はこんなものであった。報告書では、女性は外へ出て働いても所詮「家庭の人」と位置づけている。

学歴は小学校程度六七・五%、高等女学校程度三〇・四%。平均勤続年数は五年

以下が七割を占める。賃金が高いはずはない。全体の平均が三〇円七五銭（最高は医師一四〇円）。この調査は民間企業を対象としているので、当時かなり存在した女子教員、女子公務員等の賃金は記されていない。

二〇一〇年、働く女性の未婚率は三一・五％と完全に少数派、女性正規職員平均年齢三八・五歳（男性四一・五歳＝以下カッコ内男性）、勤続年数九・四年（一三・四年）、新規入職者中、大卒女性五七％（六三％）、初任給大卒一九万二九〇〇円（二〇万一四〇〇円）、高卒一五万三〇〇〇円（一六万八〇〇〇円）。全年齢の平均賃金こそ世界先進国でもっとも差が大きく対男性比七一・五だけれど、賃金格差の原因である管理職の数では、急上昇中だという。

〔文庫版補記：二〇二一年「賃金構造基本統計調査」によると、女性正規職員の平均年齢は四二・一歳（男性四四・一歳）＝以下〔〕内は男性、勤続年数九・七年〔一三・七年〕、初任給大卒二二万三九〇〇円〔二二万六七〇〇円〕、高卒一七万六三〇〇円〔一八万一六〇〇円〕。全年齢の平均賃金の差は対男性比七五・二％〕

そして何よりも五〇歳以上の雇用されて働く女性は、女性全体の三二・三％（一九八〇年一八・四％）と三分の一を占める。（文庫版付記：二〇二一年五〇歳以上の雇用されて働く女性は、女性全体の三八・九％）

男女平等になった現在の定年まで働く女性の比率も、定年退職者全体の三割を超えた。一九八八年には全体の二〇％だったが、二〇二一年には三二・四％になった（厚労省・雇用動向調査）。少数派も全体の三割に達すると、あらゆる場面で、決して無視されたり特別扱いされることなく、世間の常識は「ふつう」と受け止めるようになるという。

そういうわけで、ＨＢこと働くばあさんは、今や世の中でふつうになりつつある。やがて社会を支える中枢の一つに数えられ、その地位は上がっていくだろう。生涯を通して働こうという女性の未来は明るい。

女性の職場進出は確実に進んでいる

とはいえ、働く女性の後半期間はきびしいものがある。女性が長期間働くことを前提としていなかったから、問題に対応する社内福祉や人事管理ができていなかった。だから、まだこれからなのだ。働く女性が「職業婦人」と呼ばれて特別扱いされた歴史を、現役の若い女性に知ってもらいたい。そして「これから自分の手で新しい歴史をつくる」と元気を出してほしい。

それは、なかなか変わらなかった。今もまだ世界のなかで、いちばんと言ってよいくらい変わり方が遅い。でも、いらいらする人は、九〇年前の「東京市調査」を思い起こしてほしい。ゆっくりとだけれど、ここまで確実に変わったではないか。

実に実に遅い歩みながらも、世の中は確実に女性の職場進出を進めてきた。第二次世界大戦中は、人手不足から女性を「産業挺身《ていしん》隊」として工場へ動員し、戦争が終わって男性が復員し人が余ると「女性よ家庭へ帰れ」と、職場から出て行けよがしに扱った。そう扱われながらも、働く女性は増えつづけた。女性の若年定年制の多くは労働組合公認で、それでも働きつづけたい女性は孤立無援で闘わなければならなかった。それでも支持者が広がり、一つまた二つと、裁判で実質勝訴の和解に持ち込める例が出てきた。育児休業を獲得する労働組合も出てきた。

こうして一歩一歩進めてきた内容のその時点での集大成が一九八五年制定（一九八六年施行）の男女雇用機会均等法である。均等法成立過程で、「働く女性」が一挙に新聞の一面トップ記事になった。均等法に盛り込まれた中身は、それまでの働く女性たちが厚い壁の扉に向かって声を上げ、問題点を示し、一本ずつ扉のネジを抜いてきた歴史である。

そのあたりから、とくに二〇〇〇年以降、変化は駆け足になってきた。何よりも人口構造の急激な長寿化・高齢化・少子化。そのなかで男女平等は国際社会へのパスポートである。もちろんものの筋道がわかるタイプの男性の協力があってこそだが、何よりもそれを望む女性自身が声を上げたからだ。

これから、女性・男性が自立し協力し合って、仕事と生活とケアのバランスが取れた社会をつくるまで、まだまだ長い道程がある。その道普請はまだ半ば。これからの作業に加われたことを、誇りとしようではないか。

第一のすべり台――妊娠・出産

女性の育児休業取得率は上がったが……

今も女の職業人生で、第一のすべり台は、妊娠・出産である。少し前までは「結婚と妊娠・出産」であったが、「ことぶき退職」は大幅に少なくなった。

しかし、「妊娠・出産」の壁を乗り越えて働きつづける女性は、今なお完全な少数派。妊娠した働く女性のうち七割近くが出産までに退職していく。

これは半世紀前の私たちの事情と、数は違うにせよ比率はそう大幅に変わっていない。育児休業制度はくり返し改善されて、原則一年だが最大二年まで休めるようになっている。休業期間中の保障額は北欧などの八五％には及ばないものの、出発時の二五％から五〇％までこぎつけた。その後、休業開始から六か月までは六七％まで支給されるようになった。男性の育児休業取得に向けて、厚労省は「育児をしない男を父とは呼ばない」（一九九九年）といういささか激しいポスターをつくって奨励している。最近は「イケメンよりイクメン」と父親の育児休業取得を進めるキャンペーンに厚労省大臣も顔を見せた。直近の育休法の改正で、看護休暇や育休後の短時間勤務が義務づけられた――。二〇二二年の改正では、産後パパ育休の創設など、男性の育休は取得促進政策が進められている。

というわけで、育休がなければ働きつづけられなかった、という人は少なくないはずだ。事実、かつては産休（原則として産前産後各八週間）で仕事をつづけてきた人が、今は育児休業を利用するよう移行したと思われる。出産後も仕事をつづける女性のうち八五・一％（二〇二一年）が育児休業を取得している。

しかし、該当する男性のなかで、取得率はわずか一三・九七％（二〇二一年）。

だから、男性が育児や家事のために仕事を休んだり、短時間勤務を認めるような職場風土の形成はまだこれからの課題である。

男性を中心とした働き方が変わらないとこのあたりは難しい。男性の育児時間は、長い間いっこうに増えていないのだ。日本と同じ傾向があり、出生率が低い韓国に比べても、日本の父親の育児時間は短く、わずか三〇分（総務省「社会生活基本調査」二〇〇六年）。一〇年前と比べてもろくに伸びていない。日本の父親は、世界一のイクジなし（育児無し）である。（文庫版補記：二〇一六年の同調査では四九分となっている）

と言って若い父親個人をどうして責められよう。「働き方を変えよう」「ワークライフバランス！」という声はこの一〇年ほど強くなってきている。

しかし個人の決意と努力だけで「働き方」を変えられるだろうか。どんな職場も、組織であり集団である。そのなかにいるからこその働きがいであり安定感だろう。たとえクビになる危険がない職場であっても、ひとり労働のペースを乱すには相当の覚悟が必要だ。

働く人々は、原則として個人では「働き方」を選べない。労働組合などを通して交渉することはできるにしても、職場が決めたルール、ときには目に見えないルールによって「働かされて」いる。

だから、根本的な解決は、企業の側が「人生一〇〇年」という長寿社会に合わせて「働かせ方」のオプションをたくさんつくり、個人のライフスタイルによって選択できる制度をつくることだ。

そのまた基本は、政府がそのような選択可能な法制度を整備することだ。それを強力に進める国の意思と政策で示すことだ。

国の制度があっても半強制的に辞めさせられる人も

国の制度があるから育児休業の取得を申し出ると、「この会社には前例はないんですよ」「どうしても取るというなら、出てきてもあなたの座る椅子はないかもしれませんよ」と言われた話を聞いている。いわゆる「育休切り」である。

女性の年齢階級別労働力率

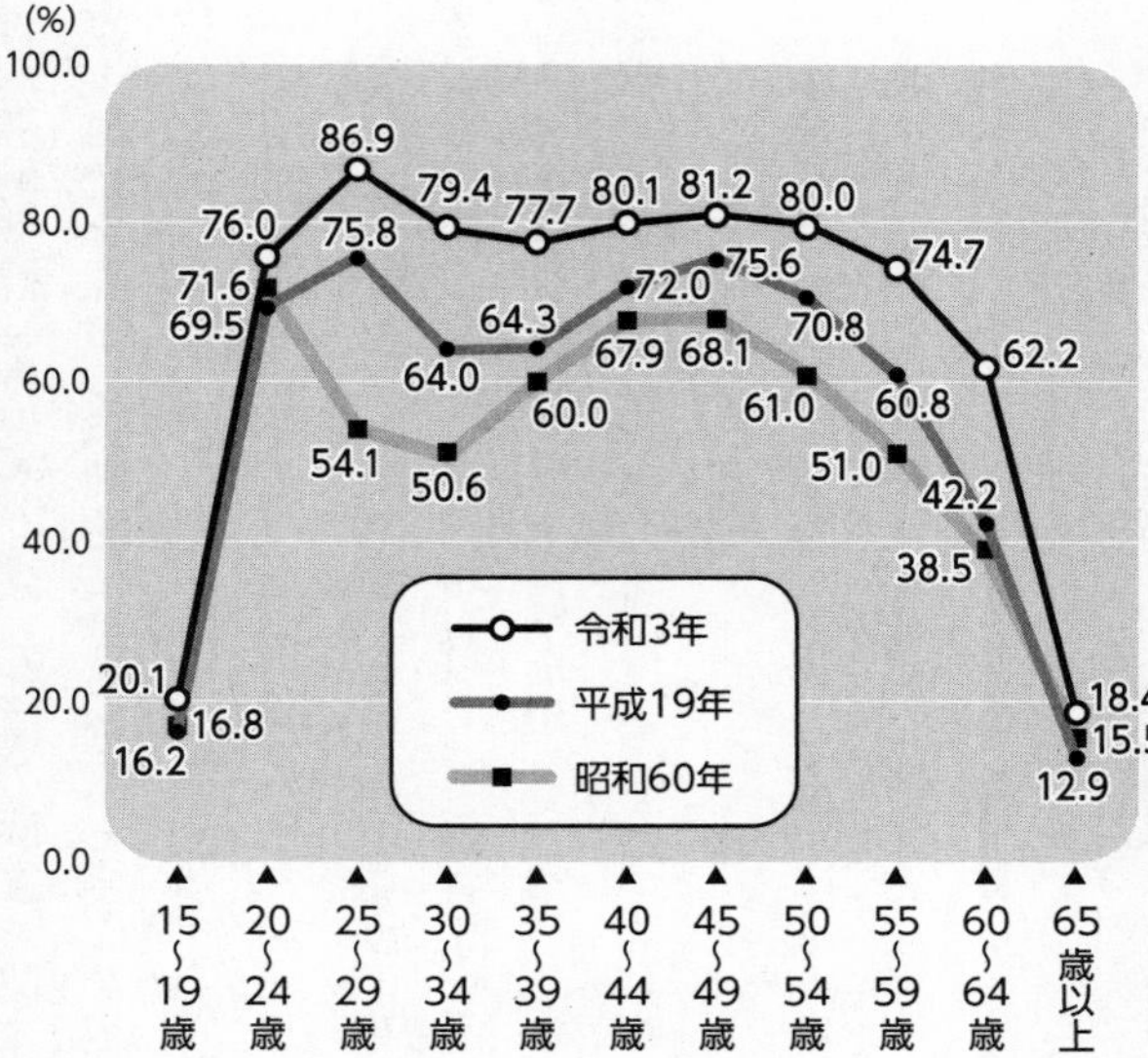

資料出所：総務省「労働力調査（基本集計）」

調査（日本労働機構「育児や介護と仕事の両立に関する調査」二〇〇三年）を見ても、妊娠・出産を理由に強制的に辞めざるを得なかった、という人が五・六％いる。「条件が許せば働きつづけたかった」が二四・二％。合わせて三割に達する。

自発的に一定期間育児中心を選びたい、という人がいるのは当然認められるべき選択である。だからといって、その選択をした女性が、生涯にわたって無職であることを希望するとは限らない。今、祖母として孫育てを手伝い娘の就労を支えているひとりは言う。「教員を絶対につづけたかったのに、夫と舅姑と寄ってたかって母の責任放棄か、と責められ退職した。この無念の思いを、娘の就労支援に向けている」

この人の場合も自分で辞表をしたため、書類には「自己都合」にマルをつけたはずである。他の先進国は、妊娠・出産時に労働力率がガクンと下がるM字型カーブはとっくに解消しているのに、日本と韓国だけははっきり妊娠・出産期の就労率はM字の谷間に沈む。

それでいて、北欧やイギリス、フランスなどの諸国のほうが出生率はずっと高い。

遠慮なく育児休業を取って、その上で働きつづけるのだ。育休取得中は「労働力」に数えられる。

この第一のすべり台をすべり落ちると復帰は容易なことではない。求人に性別、年齢の制限をつけてはいけない原則になってはいるものの正社員として採用するとき、企業側の選択が若きに傾くのは、これまでの常識から言ってやむを得ない面がある。だから、常識を変えるのだ。三〇代、四〇代での正規雇用を訴えつづけよう。それを実行する会社を讃えよう。世論は私たちでつくるのだ。

第二のすべり台
――夫の転勤・転職・リストラ・離婚

「二人目の壁」「小一の壁」「小四の壁」！

三〇代から四〇代のすべり台は、複合汚染というか複雑系である。

一つは、育児そのもの。育児休業が明けてもこれまでの育休一年間ではまだ大変。赤ちゃんの病気盛りはむしろそれからだ。おたふくかぜ、ハシカ、水ぼうそう。いったん感染症の病気になるとまずは保育所は受けつけてくれない。病児保育はまだまだだ。最近の改正育休法で、ひとり五日間、二人以上一〇日間の看護休暇が認められたのは大進歩であるけれど。夫婦とも出張や重要会議を控えていたりすると、心ならずも子どもの枕元で夫婦げんかの花が咲く。祖母力の助っ人が見込める人は恵まれている。調査によれば、子どもが病気のときの保育はなんと七七％までが祖母力を中心とした親族である。「まさかのとき身内の女」ということわざは今に生きている。

何とか育児と仕事を両立させてきた女性に「二人目」の壁が立ちはだかる。二〇〇七年福田総理（当時）のもと招集された社会保障国民会議で、私もメンバーだった第三部会（子育て、男女共同参画）で、アナウンサーの木幡美子《こばたよしこ》さんが、女性の継続就労の難しさを「二人目の壁」「小一の壁」「小四の壁」ということばで報告した。育児にかかわる「第二のすべり台」にはこのすべてが包括される。

「二人目の壁」。二人目の子どもが同じ健康状態とは限らないし、病気もいろいろ。そもそも育休中は「保育に欠けない」わけだから、上の子の保育所利用をシャットアウトされることも。

二人目の育休明けが問題である。子どもは春四月の入園式に合わせて生まれてくるわけではない。秋に育休明けを迎えるころはどの保育所も定員満杯。やむを得ず無認可施設、高額な私的ベビーシッターを利用することになる。

そしてひとり目も二人目も、小学校入学の喜びとともに「保育所時代はどんなに楽だったか」と思い知ることになる。小学校一年生は、午後は二時半に帰宅するのだから。放課後の学童保育の普及率はまだ六八・五％（二〇〇七年）だ。

せっかくよい学童保育があったとしても、現行の制度は四年生まで。これが「小四の壁」だ。四年生ともなれば、ひとりで留守番ができる、あるいは自主的に近所の友だちと遊べ、ということなのだろうか。せめて小学校いっぱいの学童保育を、というのは多くの働く親たちの願いである。

（文庫版補記：児童福祉法の改定により、二〇一五年四月より学童保育の対象は、小学校に就学している児童となった。しかし、受け入れ対象学年や受け入れ終了時間は各運営団体の裁量に任せられており、施設によって違いがある）

転勤・転職・リストラ……離婚！

第二のすべり台には、夫および本人の転勤が含まれる。かつては、夫の転勤とあれば、共働きであっても、妻は退職して「ついていく」のがあたりまえだった。今ではとくに妻の単身赴任も珍しくないし、専業主婦家庭でも、子どもの教育・老親介護などの理由で単身赴任する例が増えてきた。単身赴任者はピークには七四万人（一九九七年）に上ったが、二〇〇三年には四八万人と言われる。（文庫版補記：二〇一〇年以降再度増加し、二〇一五年には七五万人に達した）

最近の企業のなかには、全国に支店網がある場合、夫の転勤に合わせて妻も同じ地域に転勤を認める、という例が出てきた。とはいえ、幼い子を抱え、近くに親族のいない地域に夫が転勤というとき、辞めざるを得ない妻は少なくないだろう。もちろん、逆に夫のほうが退職という例も少数派ながら存在する。

夫の地方転勤期間中に育児休業を取り、子育てしながら社会保険労務士の資格を取り、本社復帰と同時に職級が上がった——というスゴイ女性の例を聞いたことがあるけれど、今も昔も「夫の転勤」は妻の就労継続の大きな関所である。

転勤でなくても、働き盛りの夫が離職・転職する可能性は、少し昔より今のほうがはるかに高い。春は四月の入社式の風景は昔も今もそう変わらない。そのなかで、男性であっても同じ企業に定年までずっと働きつづける人はどのくらいいるだろう。景気の変動とともにリストラにあったり、退職せざるを得ない状況に追い込まれる確率は、一世代前よりはるかに高い。

だからこそ、夫婦は心を合わせていつも二人が、せめてどちらかが正規就労し、二人とも老後にはそれぞれが年金を手にできる働き方をする。これがこれからの夫婦のライフ・プランだ。

夫のほうがこの年ごろで正規雇用のすべり台からすべり落ちてしまったり、その間のお金のもつれなどから離婚というケースもあり得る。

このところ日本の離婚率は割と落ちついているが、やはり高率な年代は①三〇～三四歳、②二五～二九歳、③三五～三九歳の順である。子どもが一人、二人いて、それまで専業主婦かパートで離婚となったら、経済的にはまっさかさまに貧困にすべり落ちる。母子世帯の収入はわずか二一三万円（二〇一〇年当時）。全世帯平均五五四万円の四割に満たない。

夫が志を立て、会社を辞めて、自営業やNPOを起こす――いわゆる起業もこれからの働き方の一つである。しかし起業がみんなうまくいくとは限らない。一説によれば年間に一五万の新しい起業が生まれ、一方でかなりの数が消えていく、という。こんなとき、妻の側が安定した職場に勤めていると経済的には気が楽だ。しかし、夫婦が総力を挙げて新しい仕事に取り組まなければならないこともある。貯金をはたいて二人で力を合わせて背水の陣で臨んだからといって、すべてがうまくいくとは限らない。

というわけで、働く女性の三〇代、四〇代は、収入が不安定になりがちな複合的要因でいっぱいである。

第三のすべり台――ああ介護

現役世代が直面する新しいすべり台

妊娠・出産退職の谷にも落ち込まず、子育て峠をあえぎながらも乗り越えてきた五〇歳前後の女性。子どもの受験という壁もかなり大変だった。嵐のような思春期を何事もなく越えていく子ばかりではない。今どきは「お母さんが働いているから」と周囲から白い目で見られなくなったのはご同慶の至りである。一九八〇年ごろには「共働きは非行の温床」と言い放つ教育関係者もいて、働く母親は苦労した

通帳

ものだ――。ほっとするのもつかの間。

ここに第三のすべり台が待ち構えている。

この第三のすべり台は時代が生んだ新品というべきで、昔の働く女性よりも今の世代のほうがより多く直面する難題である。

働く女性が五〇代にたどりつくころ、がんばった甲斐あって、夫も妻も、課長、部長と管理職の肩書を持つようになった。女性は「重い責任をとりたがらない」という従来の世評に反して、精いっぱい上をめざしてチャレンジする女性たちが増えてきた。

企業での女性活躍を進めるJ-Winの仕事で、インタビューした三〇代前半の大企業課長は結婚一年。「トップをめざして行けるところまで行きたい」と明快に答えた。私が「やる気満々ですね」と受けると彼女は「はい、そして生む気満々です」と受け返した。

仕事の決定権が増大する、人事権を含め自分で企画・運営する範囲が広がる。これは仕事の醍醐味で生きる喜びに直結する。男性は出世の鬼のように思ったこともあったけれど、何も役職手当と威張りたいだけで出世したかったわけではない。今、女性たちも長年勤め上げて、昇進による仕事の醍醐味を男性と分かち合おうとしている。少し前までの女性は、勤務年数が短くて仕事の上でよい意味で欲深になるための時間がなかったのだ。

女性の長期勤続が珍しくなくなってきたのは、今の四〇～五〇代がほとんど初代と言ってよいだろう。この初代の前に置かれたすべり台。これが「介護」という名のすべり台である。

日本の家族介護は嫁と妻によって担われてきた

ずっと以前から、夫の親の介護は嫁の責務であった。介護保険制度が「介護の社会化」を旗じるしにスタートしたのは二〇〇〇年四月。

日本の「老人問題」とくに認知症の問題を最初に明らかにした『恍惚の人』（有吉佐和子著）が世にショックを与えたのは一九七二年。退職して介護に当たるのは法律事務所のベテラン事務職員、長男の嫁であった当時は「寝たきり老人」ということばが世に広がった時代でもあった。

最初の「寝たきり老人実態調査」（全国社会福祉協議会、民生・児童委員婦人部会）は一九六九年に報告されたが、介護にあたる家族の九割は女性、そのなかの半数が「嫁」、次いで「妻」。日本の家族介護は嫁と妻によって大半が担われていた。当時、六五歳以上の人の約八割が子ども家族、それも多数派は息子一家と同居していた。少し下って一九八〇年代になっても日本の老人福祉政策は「日本型福祉」と呼ばれ、「三世代同居」「家族介護」を推奨するもので、この時期全国的に、地元の社会福祉協議会などが主体となって「介護嫁表彰」「優良家族介護者表彰」が広がった。「模範嫁表彰」「孝行嫁さん顕彰」を県の要項や町の条例にしたところさえあった。

嫁たち女性たちは、どんなに仕事を愛していても、学問的職業的業績を上げていても辞めざるを得なかった。

「妻という字に勝てやせぬ」という歌のことばがあるが、あの時代はまさに「嫁という字」が介護の担い手、世論、親戚一同、近所隣の多数派を前に勝てるはずはなかったのである。

介護退職は嫁の義務だった

介護すべり台は、働く女性にとってつらいものだった。定年というゴールも見えてきた。仕事のおもしろ味は絶頂である。育児のための退職だったら、何と言っても子どもの成長という喜びの日々が代償としてあった。子どもは年ごとに発育を遂げ、親の側はさびしいほど身軽になっていく。介護の海はどこまで泳げばどんな岸にたどりつくか先が見えない。

もちろん力弱い高齢者を介護するのは人間として当然の責務だろう。しかしなぜ、女だけなのか、嫁なのか。恩愛の情あふれる実の親でなく、嫁に来たころから嫁入り道具が少なかったの、子どものしつけがなっていないのと、イヤ味ばかり言われた舅姑になぜ仕事を辞めて尽くさなければならないのか。

あと少しがんばればぐっと増える退職金、退職後あっせんされるかもしれない仕事の可能性、もう少し多くなるはずの被用者年金――それらを擲《なげう》って介護するのが日本古来の嫁の道。思えば介護保険制度スタートの前に立ちふさがったのは「家族介護（すなわち嫁介護なのだが）は日本の美風」とする家族意識だった。

せめて夫をはじめ家族が協力的なら救われるが、妻任せの夫は知らん顔。「介護がイヤなら離婚だ」と夫におどされ、仕方なく介護役割を担った妻もいる。嫁も不幸だが「仕方なく」介護される高齢者も幸せだったとは思えない。介護する側が幸せでなかったら、介護される側だけ幸せになれるはずはないのだから。

とはいえ、当時は介護役割を担う嫁、女性は、同一世代のなかでそんなに多数派ではなかった。理由は簡単、きょうだいの数が多かったからである。親は一組しかいない。同居する長男の嫁がその役割を担うと、次男以下の嫁や実の娘たちの多くは介護から免責されたのである。

戦前生まれ――たとえば一九四〇（昭和一五）年生まれの人は二〇一〇年では七〇歳。今や八〇代。この世代が生まれたころの合計特殊出生率は四・一二。この世代はざっと五～六人きょうだいで育ったと言ってよい。だから長男の嫁となったひとりを除いて、多数派の女性は直接的な介護負担を負わずにすんだ。

子の数より親の数が多い時代に

それがそうはいかなくなったのが現在ただ今の介護である。ひとことで言えば今や一億総介護者時代。少しオーバーに言えば、親の介護から免責される人はひとりもいなくなった。親の側の寿命はいよいよ長く、ということは要介護状態になるリスクは高まり、一方で介護する子どもの人数は減った。

一九六〇（昭和三五）年生まれの合計特殊出生率は二・〇〇。親の世代の半分以下である。今の世は少子化で大騒ぎだが、それは出生率で言えば〇・一とか〇・二とかコンマ以下の数字に一喜一憂しているのであって、コンマ以上の大台が四から二へ、半分に激減する大規模というか本格的な少子化が一挙に進んだのはこの時期。一九五〇年代から六〇年代にかけて、であった。

一九六〇年、親と子の数は完全に一対一になった。さらに現在に近づくほど親の数は子の数より多く、家族単位で見ると上の世代のほうが数が多い逆ピラミッド型になっていく。

ひとりの子どもをめぐって四人の祖父母と二人の父母が競ってお金を出し合うから「六つのポケット」などと言う。お小遣いが六人の身内から降ってくる時期の子どもは幸せかもしれない。しかし時がたつと、ひとりで六人——とまでいかなくても複数の高齢者を介護することになりかねない。

一九二〇年代（大正末〜昭和初）当時、五〇歳になった女性で両親が生きている人は二一％にすぎなかった。人口学者の阿藤誠《あとうまこと》氏が推計したところ、両親生存率は一九六〇年の時点で五六％。最近は八〇％を超えている（『現代人口学』一六三ページ）。昔人生は五〇年で終わり。今や五〇歳にして親の老いに直面する。

しかも平均子ども数は二人。夫婦とも二人きょうだい。ということは、長男・長女同士の夫婦が多く、ひとり娘とひとり息子の結婚も多いということだ。しかも、団塊の世代以降は就労人口の約八割が雇用労働者。職場は大都市に集中する一方、一定規模の企業となると全国に支店網があり転勤は全国区。グローバル化の今どき、職場は国境を超えて世界中に広がっている。

農業や地場産業を中心とした時代から、日本は高度経済成長という大移動状況に突入した。二人いる子のうちひとりは外国か遠隔地、という例はザラである。子どもも全員が遠隔地勤務という例も珍しくなく、それが老いてからのおひとりさま、おひとりさまを増やし、遠距離介護者のNPOも生まれている。

前代未聞、想定外の大介護時代がやってきた

介護保険制度は今のところ家族がフルタイムで働けるほどの在宅サービスを提供できていない。施設は――たとえば特別養護老人ホームは定員四二万人に対して待機者が四〇万人と言われる（二〇一〇年当時。二〇二二年の厚生労働省調査では二七・五万人）。施設か在宅かなんて選択の余地はない。待機児童ゼロ作戦と言われながら大都市での待機児童の数は増える一方。しかし高齢者のほうも「待機老人」

は増える一方。保育所をつくるより、二四時間介護の老人施設のほうがはるかにお金がかかり、こちらのほうがむしろ深刻である。

それに、子どもは親の意思で保育所に預けることができる。しかし、親ともなれば、デイサービスやショートステイに行くことさえ拒否される場合があり、老親の側に立てば、それぞれ理由があることなのだ。

ある女性（大学教授）の母堂は有料老人ホームに入居中だが、一日に四〇回以上携帯が鳴る。授業中だけは切っておく約束だが、二時間以上応答がないと不安定になるのでちゃんと出てほしい、とホーム側から釘をさされている。ホームにいる母親からすると、すべて重大な用件なのだ。

ある団塊の男性は、六〇歳の定年にあと三年というとき出身地の支店長に任じられた。定年後は郷里で親を看たいという本人の希望に応えた「温情人事」であった。妻は、高校の同級生。夫婦同郷ということは、定年後の住まいについて夫か妻どちらの郷里を選ぶか、思い煩うことの少ない幸せな例である。郷里は温泉が多く、定年後は旅行を楽しむ、という計画だった。

郷里に帰ってすぐ、同居している夫の母が倒れた。半身不随で特別養護老人ホームに入所。九六歳の夫の父は、どこも悪いところはないが、食事、入浴など常に嫁の介添えが必要だ。

妻は正真正銘のひとり娘。父が難病にかかり老人病院（長期療養型病床群）に入院、意識ははっきりしない状態だ。母は体が弱く、夫の看病どころか、娘が来て自分の病院へ連れて行ってくれるのを心待ちにしている。

妻は、この四人の親の居場所を毎日車で駆け回っている。夫は最後のご奉公というべき現職支店長。「定年になったらうんと手伝うから何とかがんばってくれ」と妻に言うより他はない。

こういう例を「同時多発介護」と言う。

同居する夫の親をデイサービスに預け、その時間を利用して自宅で療養中の実家の親を見舞う、なんていう例は今やザラである。とにかく前代未聞、想定外の大介護時代がやってきた。前例がないのと、家庭や地域の事情が異なるので、こうすればいいというモデルはない。

今や介護者の三割近くを男性が占め、家族の看護、介護を理由に退職する人の数は年間九・五万人（二〇二一年）。やはり圧倒的多数は女性である。家族による介護殺人、介護心中などの事件もあとを絶たない。ニュースも統計も介護が国民生活に重大な影響を与えている事実を物語っている。

だからこそ、大介護時代の働く女性初代の皆さん、覚悟を決めてキャリア最後のすべり台を超えてほしい。

介護で辞めない七つの基本的覚悟

個別の処方箋は難しいが、基本となる原則はいくつかある。

一、絶対に介護退職をしない覚悟を固める。

二、それを高齢者本人、夫その他の家族に前もって宣言しておく。宣言の方法はそれぞれのやり方で。

三、介護は今や一種の情報戦時代、かつ総力戦である。まずは国の制度である介護保険について常識を身につける。さらに地域のなかで、介護の手助けとなりそうなNPO、ボランティア団体、相談窓口などをリストアップする。高齢者の入居施設・利用施設のマップを用意する。

四、いざ介護が必要となったら「わが家ただ今介護中」の旗を高々と掲げ、行政・近隣・親族・友人などの助力を呼び込む態勢を整える。経験者の話を職場や同窓グループで聞くのも役に立つ。介護はあたりまえのことなのだから、世に隠す必要はさらさらなし。騒げよ、さらば助けあるべし、である。

五、配偶者はもちろん子どもを含め来《きた》るべきわが家の介護体制、家族の協力と分担について下打ち合わせをしておく。高齢者ご本人の意向を上手に聞いておくことはもちろんだ。

六、職場で、介護が必要となったときどの程度休暇が取れるか、どんな前例があるか調べておくこと。国の制度としては、育児・介護休業法があるが、私はこれから大量に五〇歳前後の働く介護者が出現すると思う。いくつかの企業はその必要を感じ取り、社内外で研究会をつくる例が出てきた。育児中の社員のために設けた短時間勤務など複数のシフトを、介護する社員に採用している場合がある。あきらめずに職場にも相談を。

七、もう一度辞めない決心を。老親に対する恩愛の情ゆえに退職を選択する人がいる。この年代の高齢者は比較的年金に恵まれている。当面辞めても親の年金で何とかやれる。やがて親を見送ったとき、介護した子の側はカラ手で長い自分の老後に向かわなくてはならない。育児後の再スタートに比べて、年齢的に体力・気力の衰えはおおいがたいだろう。

でも、何はともあれ、辞めないこと。こけつまろびつ、あらゆる力を借りて定年の峠を上りつめること。家族のためにも社会のためにも、それがきっとプラスになって返ってくる。介護と仕事の両立——それは二一世紀前半のあらゆる人に共通する大テーマである。

大介護時代の社会の役目とは

それでも、介護で辞めざるを得ない人もいる。

第一、第二のすべり台から落ちて、あるいは降りて、専業主婦でいるうちに、すべったとも転んだとも自覚しないまま介護の季節に入る人もいる。

ひとりの高齢者を介護し天寿を全うするのに力を貸すことは、へとへとに疲れ果てる行為に違いないが、人間がなすべき業を成し遂げた、という満足感がある。あって当然のことだ。現世では報われない仕事を果たしたのだから。

現世でも何とか報いる方法を考えよう。たとえば年金期間への算入とか、介護期間の一部を公認の介護勤務と同様に扱い、専門職への資格期間に組み入れるとか。家族の介護をしたことから専門的介護職員となり、さらには介護事業経営者になった人も少なくない。

家族介護者として奮闘した時間、多くは自分と闘いながら悪戦苦闘した女性・男性がその一生のなかで何らかの実りを得るように。そのような仕組みをつくることが大介護時代の社会の役目ではないか。

どっこい、ばあさんは貧乏にめげない、へこたれない

女は貧乏に負けない、死なない

三度のすべり台から落ちて高齢期に達した女性は男性と比べて、全体として経済的に貧しい。不利な状況に置かれている。しかし決して貧乏に打ちひしがれて負けているわけではないのだ。

一四四ページの図は、高齢者の貧困の度合いと死亡率の相関関係を示したもので、介護保険の五分位所得階層における死亡率を比べたものである（日本福祉大学教

所得段階別死亡・要介護認定割合

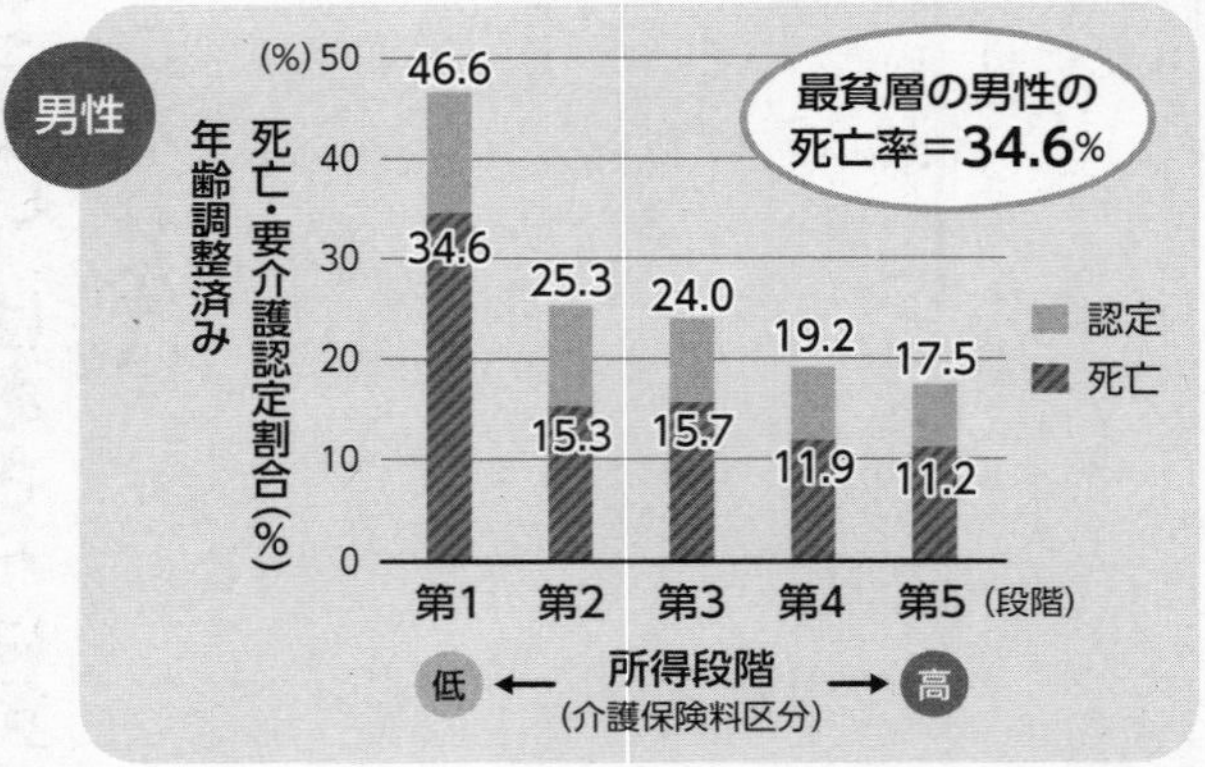

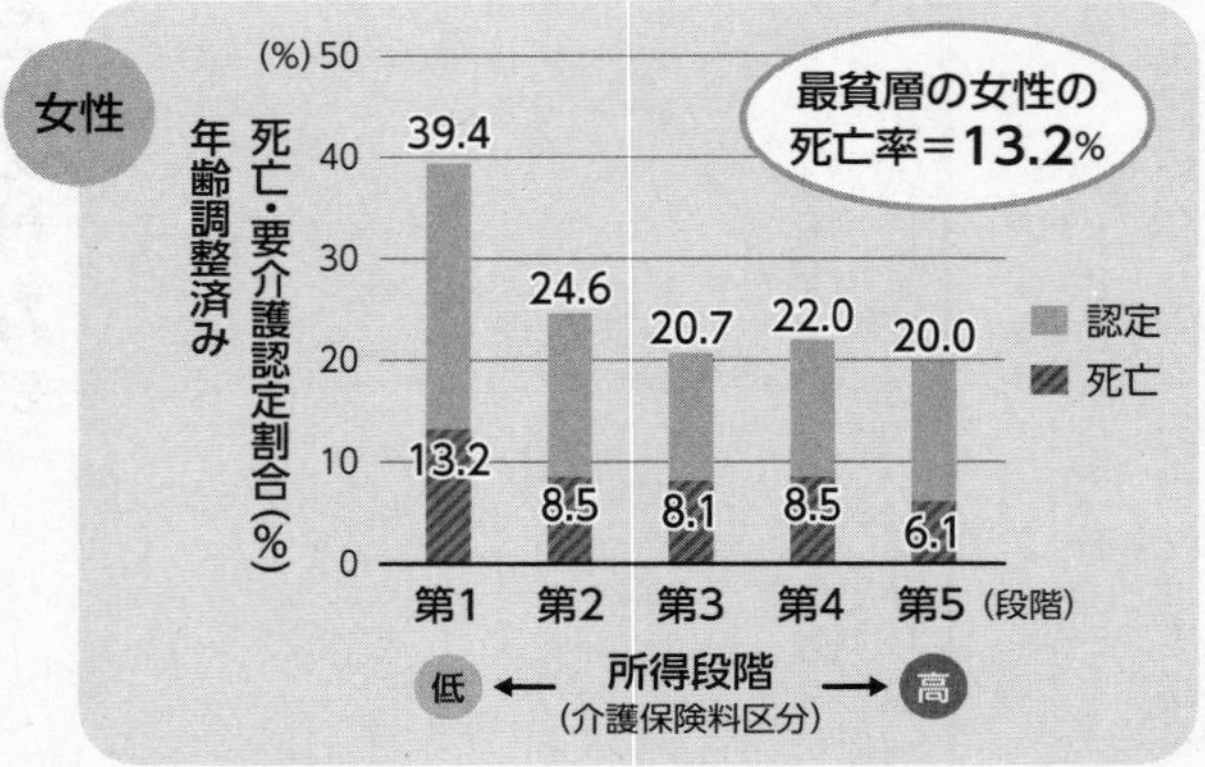

※65歳以上で要介護認定を受けていない28,162名を4年間追跡

資料：近藤克則（日本福祉大学）作成（2008年）

授・近藤克則氏作成)。

所得が高いほど死亡率は低い。貧しければ貧しいほど死亡率は高くなる。貧富によって寿命の格差が大きいというのは、福祉国家、福祉社会をめざす私たちにとって恥ずかしいことであり、解決の道を探すのは当然であろう。

ここで注目すべきは男女の違いである。貧富と寿命が相関するという点では共通しているが、女性はその差が男性ほど鋭角でなくごくなだらかだ。

男性は貧乏の影響を強く受けて要介護認定率が高くかつ死亡に至りやすい。それに比べれば女性は貧乏の影響が少ない。要介護認定を受けていない高齢者を四年間追跡した調査によると所得五分位における死亡率の格差が、男性は二三・四ポイントと大きいのに対して、女性は七・一ポイントと小さい。最貧層での男性の死亡率三四・六%に対して、女性は一三・二%と半分以下、女性はどうやら貧乏への耐性が強いようだ。

女には辛苦に負けないＤＮＡがある？

その理由は、正確な証明は難しいとしても常識の範囲でいくつも挙げることができる。

女性は生む性を授けられた。体内で次の世代を育む、重くきびしい性である。だからこそ、さまざまな困難に耐えるよう心身がよい意味の「鈍感力」を持っているのかもしれない。

男性は戦争という場において、真っ先に苛酷な状況にさらされ、命を脅かされた。女性は戦時はもとよりだが、地球上の多くの地域で、平時においても苛酷な状況に耐えて生きている。地域によっては、難民として与えられる食糧でも優先順位は一に男の大人、二に男の子ども、三に女の大人、四に女の子ども、だという話もある。

それほどでなくても、戦前の日本の家庭では、日常の食事に家長である父親に一品多いのは、むしろ美風として受け入れられていた。女性は「他家に嫁」し、嫁として朝いちばん早く起き、夜はしまい風呂に入っていちばん遅く寝た。病気をすれば「弱い嫁」「役立たずの嫁」と悪口を言われ、療養が長引けば実家に帰されたり、あげくの果てに離婚されたりした。

どんなにつらかろうと、長い間女性にとって嫁であることがもっともまっとうな女の生き方だった。「嫁になりそこね」て実家の墓に入ることは、本人と家族双方の恥だった——。という生活を何代も経てくれば、女性の心身は生理的必然以上に、辛苦に耐えるＤＮＡが養われてきたのではないか。

だから女は貧乏でもよい、ということではない。貧乏自体を克服すべく、この本はそのために書いている。

一方、貧乏への耐性のこの男女差を目にすると、今や人生一〇〇年時代、男だって女だって山あり谷あり、ときに谷のどん底に落ち込むこともあるだろう。そんなとき、これまでは女性が世々代々悲しい涙とともに得た資質だったとしても、ときには「簡単にヤケにならない」「受け身でやり過ごす」という能力を、男性も生きる備えとして身につけるべきではないかと思う。

衣食住の自立は強い

それに加えて、女性が貧しさに耐えて長生きできるのは、衣食住という日常生活の自立の方法を身につけていることであろう。

女の子として生まれるや、まず人形とままごと道具を与えられ、長ずれば台所に立って炊事を手伝うよう命じられる。弟妹の世話はまずは女の子の役割だった。

少し古いデータだが、一九九四年、文部省が財団法人日本女子教育会に委嘱した「家庭教育に関する国際比較調査」がある。対象国は日本、韓国、タイ、アメリカ、イギリス、スウェーデンの六か国。このなかで「子どもが一五歳になったときひとりでできると親が思うもの」という質問項目（複数回答）で「家族のために食事をつくる」がある。

スウェーデンを除いてはどの国も女の子に期待が高いが、日本は他の国々と比べても男女の格差が大きい。男子への期待は六か国中、韓国に次いで低い。

また、これも古いデータだが「平成七年度国民生活選考度調査」（経済企画庁）

によれば、当時二〇~六〇歳の男女に、子どもにどんな暮らし方を望むかを聞いたところ、男の子には「人間性豊かな生活」「個性や才能を生かした生活」「社会への貢献」が多いのに対して、女の子には「家庭や周りの人たちと円満に暮らす」期待が圧倒的に高かった。

一九八五年、国連女子差別撤廃条約が批准され、男女雇用機会均等法が八六年に施行された。教育の面では、この条約の批准を受けて、中学で技術・家庭科が男女共通になった。

かつては、男子は技術科、女子は家庭科と教科書まで別だった時期もあり、男子は技術科中心、女子は家庭科中心、という時代が長くつづいた。

高等学校では長らく家庭科は女子のみ四単位必修。男子の課程は当時は格技と呼ばれた武道の時間にあてられた。

男は仕事につながる「技術」と「体力」、女は主婦として「家庭」を守るという性別役割分業は、中等教育の制度にしっかりと位置づけられていた。一九九三年、中学校で、翌一九九四年高校で男女とも必修となり、家庭をつくり生活自立をめざす家庭科はここでやっと新しいスタートを切った。

中学から男女共修で家庭科を学んだ世代は、今四〇代である。だから、先ほどから少し古い調査を持ち出したのには意味がある。これらの調査が行われたころ、今の「じいさんばあさん」世代はすでに十分おとなの中年であった。調査にあらわれたような認識は、すでに出来上がっていたと言ってよい。

男の子は食事の支度ができなくていい、その代わり広い社会で個性を伸ばせ。しかし、地球の隅々どこへ行っても個性を伸ばし社会貢献するためには、食事をつくり身辺を清潔に保つ、という生活自立がないと個性の花も開かないのである。

それどころか、老いては寿命にかかわる問題だ。同じ金額で生計を立てるとしたら、食事一つ例にとっても食材をくり回して活用できる能力を持つ人と、毎回コンビニ弁当を買う人とどちらが経済的、精神的にゆとりができるか明らかだろう。

金はなくても「人貧乏」はしない

さらに「ばあさん」側に有利なのは、人間関係である。

さまざまな調査が、他の条件が似た男女と比べた場合、男性の人間関係の乏しさ、孤立した状況を示している。単身世帯で比べると、「話し相手がいると思わない」男性は二六・九％、女性は一一・二％と二倍以上の開きがある（内閣府「高齢男女の自立した生活に関する調査」二〇〇八年）。

「同居家族以外の交流状況」を見ると、相手が「ひとり」という答えは単身男性が三五％（女性二〇・七％）、夫婦世帯が一四・一％（女性一一・六％）。

人間関係の面でひとり暮らし男性の貧しさが際立っている。

金森トシエさん（元読売新聞社記者）の著書に『金持ちより人持ち』（ドメス出版）があるが、老いて資産価値があるのはまさに「人」であろう。

家族の数は減る一方だし、おふたりさま、おひとりさまの時期をできるだけ健やかに安らかに過ごすためには、一定の社会関係、人間関係が必要条件だ。高齢者の引きこもりは、廃用性退化の原因となり、認知症を進めることにもつながるだろう。

女性に必要なのは少しばかりの経済力

中越大震災（二〇〇六年）のあと、災害と高齢者について現地の「高齢社会をよくする女性の会」会員はじめ関係者を招いて体験談を聞く学習会を開いたことがあった。最初、私たちには、災害時における女性の不利益ばかりが目についた。地場産業で災害を理由に最初に首を切られるのは女性。夫は職場専一にできるのに、妻は怪我人や高齢者など家族の世話のため欠勤がつづき、結局辞めざるを得ない。災害をきっかけに離れ住んでいた次男に介護役割が回ってきて、嫁が退職せざるを得なかった。災害時における避難所で、女性が着替えや授乳、トイレなどに困る。そもそも行政の災害担当者に女性がいない――。

こうした女性問題を訴える私たちに、長岡市で老人福祉施設を経営する（二〇一〇年当時）小山剛さんは言った。

「困ってるのは男性じゃないですか。地震で会社がつぶれて、家ですることもなく昼間から酒を呑むようになる。地域復興の集会を呼びかけたって、男はすぐには出てきません。会の名称をつけて役を用意して、そのうえ一本つけないとダメです」

「そこへ行くと、雪のなかで長年暮らしてきたばあさんは強いですよ。傾いた家の台所で近所隣と声高に話しながら煮炊きをし、お茶菓子でも用意して一声かければただちに集まり、おしゃべりの花を咲かせるのです」

うーん。そう言えばそういう面もある。

「長岡老いを考える会」は、私たちNPO「高齢社会をよくする女性の会」のグループ会員である（二〇一〇年当時）。会員の年齢は中年・祖母世代が多いが、その記録集を読むと、孫を守り子ども夫婦を支え、地域を回って高齢者を励ます女性の力強いコミュニケーション能力が伝わってくる。

結論を言えば、男性は女性の人間関係力と、生活自立力に学び、もう少し寿命を延ばして仲よく長生きしてほしい。

女性は――すでにそれらを身につけているのだから、あと必要なのは少しばかりの経済力だ。
そのための覚悟を固め努力を重ねれば、女性個人の人生も、わが国社会の未来も明るく輝くのである。

第4章

中年からでも適職にめぐり合える

――HB（働くばあさん）になるために

長い女の人生、まだまだ適職にめぐり合える

よりよく生きるために意欲満々、努力いっぱい

二〇〇五年に、私たちNPO「高齢社会をよくする女性の会」で実施した「一〇〇人」のアンケート調査を読み返しながら、私はあらためて寿命の長い女性が、若いころから学業と仕事の業績を積み、資格を取得することの大切さを思い知った。七〇代になってなお未来を見つめながら働く女性の多くは、当時としては高い教育を受けた幸運な女性が多い。

最近は、男女平等意識の普及と少子化の影響を受けて、女子と男子の教育年数の差は少なくなった。高校進学率では女子が男子をやや上回る。とはいえ、今なお女子の理工系在学生は約二二％と、進路の偏りが大きい。しかし、調査のなかには工業高校から建築士の道を選び、今も歩みつづけている人も。若い世代が理工系を含めて、自分自身興味のある専門分野を見つけるよう、上の世代としてアドバイスしてほしい。

同時に、卒業時の学歴が低かろうと実家が貧しかろうと、ものともしない向上心、好学心、好奇心。よりよく生きるために意欲満々、努力いっぱいの女性が多いことに感動させられた。これまでも、これからも、女性は男性より仕事を中断して、家庭・地域で生きる時間が長いことだろう。そこでは、職場中心の男性とは一味違った労働センスが育ってくる。こうした女性たちが新たに職場に参入することは、必ずや職場のあり方、地域のあり方にも影響を与えるに違いない。

だから三〇代、四〇代から一念発起して働き始めようとする女性を支援してほしい。資格取得に奨学金を出す企業はないものだろうか。新たな就職口の開発とあっせん窓口をつくってほしい。大学も対策を考えてほしい。

女性たちもアンテナを周囲に張りめぐらすことだ。中年からの就労チャレンジ支援は、男女を問わず一応政府の政策に取り入れられているが、とくに妊娠・出産を担う女性の生理的条件から言って、仕事の醍醐味を知る前に離職しやすい女性に向けて、再就職、再就労準備研修には力を入れてほしい。

これぞと思ったことにはエネルギーを注ぎ込む

女の人生は長い。中年から出発して十分に適職にめぐり合える。私自身だって、思えば今の仕事の半分ぐらいは、若いころ想像だにしなかった分野である。物を書いて人に伝える――ジャーナリストの仕事はもともとの希望であった。しかし現在のようにNPOの責任者として活動を進めるなんて、厄介でイヤなことだ、と思っていた。物書きと大学教師をしながら、男女共同参画や高齢者福祉を進める活動にかかわっているうちに、市民活動の領域が広がった。

一九八三年「高齢社会をよくする女性の会」の結成以来、今も福祉を進め、子育てと老いを支え、男女共同参画を進めるいくつものネットワークにかかわっている。「おもしろい！」と思ったからこそつづいたのであって、私の場合、五〇歳過ぎて知るわが適性、であろう。

しかし、市民運動はお金にならない。ボランティアでむしろ出費が多い。評論家として大学教師として経済的に自立していたからこその市民運動である。そこで出会う人々から学ぶもの、さまざまな場面から得る情報、その結果が私自身の表現したいテーマ、書くこと、話すことに直結している。机の上で資料だけ見ていたら、私は今ごろ本を書く意欲など消失してしまったことだろう。

事業経営を仕事とする人は、もちろん単年度の収支を明確にし、赤字を出さないよう運営しなければならない。

しかし、自分個人のキャリアの設計は、あまりいっときの収支や、目先の損得勘定にこだわらず、これぞと思ったことにはエネルギーを注ぎ込むほうがよい。少なくとも私自身は、そのように考えて行動したおかげで、今日がある、と思っている。

二〇二三年のHB（働くばあさん）心得

シニアの就労に必要なこと

単行本出版から一三年。この間に職場のIT化が急速に進み、労働者を取り巻く就労環境も大きく変わった。そこで、この文庫版では、二〇二三年現在で、理想的なHBライフを送っている女性のケースをご紹介したい。

NPO法人「竹箒の会」副理事長・橋詰信子さん（七六歳）である。

「竹箒の会」は、職業紹介の認可を受け、シニアの就業や地域活動を応援する事業を展開する一方で、パソコンやスマートフォンなどのシニア向け講習会を開催したり、シニア、とくに女性の働き方を支援しつつ、活動場所の開拓などに取り組む団体である。橋詰さんは、同会の設立からかかわっている。

橋詰さんの簡単なプロフィールから紹介すると——。

大学卒業後、都市銀行に勤めたが一年ほどで結婚退職。一〇年近くの専業主婦生活、進学塾勤務などを経て、四四歳のとき、カルチャーセンターに就職、部長職まで勤めるも六〇歳ですっぱり定年退職。以前、NTTの「奥様モニター」に応募したことで知り合った「竹箒の会」現理事長・川井淳氏とともに、定年の六〇歳少し前に同会を立ち上げ、現在に至る。と、実はかなりパワフルな経歴の持ち主。また、HBとしては、間違いなく〝エリート〟の部類に入る人物であろう。

そんな橋詰さんだが、HBになるための「見極め」やきっかけ、人脈のつかみ方、スキルの身につけ方などは、あまねく参考になると思う。

橋詰さんがNTTの奥様モニターで知り合った川井氏は、NTTの広報部長、九州総支社長、NTTデータ通信副社長などを歴任した通信のエキスパートで、NT

Tデータ通信の顧問を退くにあたり、NPO法人をつくろうとしていたという。「勇退しのんびり余生を送るのではなく、まだまだ社会に貢献できる」という川井氏の考えに共感した橋詰さんは、当時はまだカルチャーセンターの社員だったが、手弁当で川井氏の活動に加わる。

こうして竹箒の会が発足したのは二〇〇〇年八月。橋詰さんが実際にそのカルチャーセンターを辞めるまでにはまだ五年の歳月があったが、ちょうど役職定年にさしかかるころで、今後の身の振り方について考える時期でもあった。

一方、高い志を掲げて設立した同会だったが、活動当初は挫折の連続だった。そこで途中から方針を変えて、NTTのOBでパソコンが得意な人がメンバーに多かったことから、シニア向けのパソコン教室などを開催。これが時流の後押しもあって大当たりし、活動の幅が一気に広がり、NPO法人として軌道に乗っていく。

そんな「竹箒の会」で、シニアの働き方を応援している立場にもある橋詰さんに、ご自分の経験も踏まえた上で、第二の新たな人生の選択、とくに再就職の場合に必要な心構えや現実的な振る舞いについて聞いてみると、次のような答えが返ってきた。

一、何よりも健康。健康な身体は健康な精神の土壌となり、これが活動の質に大きくかかわってくる。

二、人は見かけ。服装は自分の経済力の範囲で清潔な印象を与えるものを。明るい表情を心がける。人生を経てくると、もともとの美醜は関係ない。それまでの生き方がプラスされて印象がつくられる。

三、待遇（給料）は後からついてくる。当初の高低にこだわらない。こだわるとチャンスを逃す。

四、ご縁を大切にする。自分の能力は他人のほうがよくわかっている場合がある。「あなたに」と声をかけられたら、可能な限り応じる。たとえそれが不本意な案件であったとしても、そこから可能性が広がることもある。

五、自分自身のスキルアップに常にチャレンジする。とくに、今の時代はＩＴスキルの有無で就労の機会も大きく違ってくる。

六、資格は、持っていても多くの場合、単なる「飾り」。実際に生かせる機会は非常に少ない。

七、好奇心を失わない。オールラウンドに興味を持つこと。自分の価値観や興味にこだわると、それ以外への関心が薄らぎ、結果として新たなチャンスが逃げていく。

何事にも好奇心を持ち、パワフルに働く橋詰さんだが、後期高齢者となった現在、こんな本音を漏らす。

「幸い、まだ体力気力とも仕事に耐えうると思っています。ただ、引き際を間違えてはいけないとも思っています。いろいろな人を見ていると、自分自身の引き際は案外自分ではわからないもの。周囲の親しい人には、『もうだめだと思ったら鈴を付けて』と言っていますが、そういうことは他人はなかなか言いづらいですし、言われた自分も素直に聞く耳を持てるか……。引き際は難しいですよね」

第5章

働くばあさん、今を輝いて生きる

――HB（働くばあさん）実情レポート2023

特別寄稿

春日キスヨさん

春日キスヨ（かすが　きすよ）

九州大学大学院教育学研究科博士課程中途退学。元松山大学人文学部社会学科教授。専攻は社会学（家族社会学、福祉社会学）。父子家庭、不登校、ひきこもり、高齢者介護の問題などについて研究。著書に『介護とジェンダー――男が看とる　女が看とる』（家族社、一九八八年度山川菊栄賞受賞）、『介護問題の社会学』『家族の条件――豊かさのなかの孤独』（以上、岩波書店）、『変わる家族と介護』（講談社現代新書）、『百まで生きる覚悟　超長寿時代の「身じまい」の作法』（光文社新書）など多数。

人生100年時代、長く生きれば働き方も、働くことの意味も変わる

はじめに

日本で100歳以上高齢者人口が1000人を超えたのは1981年。その後20年足らずで1万人を超え、2022年には9万526人、全体の88・6%を女性が占める。今後、長寿化はさらに進み、1970年生まれ女性の20%が100歳まで生きると予測されている。

リンダ・グラットン（イギリスの組織論学者。「人生100年社会」の提唱者と

される）は言う。「人生が長くなるほど、アイデンティティは人生の出発点で与えられたものではなく、主体的に築きうるものになっていく。これまでの世代は、人生のさまざまな変化を主体的に選択したり、移行を遂げるために必要な能力を積極的にはぐくんだりすることを意識しなくてもよかった。しかし、長い人生を生きる人は、人生で移行を繰り返すことになる」（リンダ・グラットン　アンドリュー・スコット、池村千秋訳『ライフ・シフト』東洋経済新報社　２０１６年）

なら、現在、１００歳前後を生きる女性たちはこれまで越えてきたライフステージのうち、どの時期のどのような働き方を最も意味あるものとみなし、それが長寿期の現在の暮らし、誇りや自負とどうつながるとみているのだろう？

本稿では私がインタビューをしたこの年代３人（Aさん、１００歳。Bさん、95歳。Cさん、１０２歳）の語りをこうした問題関心から読み解き、人生１００年時代だからこそ、人生前半期の働きだけが意味を持つのではなく、後半期、さらには長寿期に始めた働きが意味を持ちうる事実を述べていこう。

３人の女性は「大正」「昭和」「平成」「令和」の激動の時代を生き、第二次世界大戦での被爆体験や引き揚げ体験を持つ。また、人生の出発点では「家にありては父に従い、嫁しては夫に従い、夫亡き後には子に従う」という戦前の女子教育で育ちながら、その基盤が失われる時代を生きた人たちである。夫が逝き、子どもにも先立たれる「逆縁」に見舞われたAさん、Cさん。現在もひとり暮らしを続けるBさん、Cさん。

しかし、こうした共通点はありながら、ライフステージのどの段階の「働き方」が現在の暮らしや生きがい、誇りや自負とどうつながるとみなすかは異なっていた。人生の前半期の働き方が現在の暮らしとつながると考えるのか、人生の後半期の働き方か、長寿期のそれなのか。三人三様であった。

具体的に3人の人生における働き方と現在の暮らしのつながりをみていこう。

1．人生前半期の「働き方」が100歳の現在につながるAさん

Aさんのプロフィール：インタビュー時、100歳。64歳時に夫死去。86歳時に同

居する娘が50歳で死去。娘死去後も娘の夫と同居。現在も食費・光熱費等を負担し、日々の食事作りを担う。

Aさんの人生と働く体験：結婚当初、家計補充のため保険外交員として働くが、育児のため30歳過ぎに学校給食調理員に転職。以後35年間勤務。退職後の人生後半期は同居する娘家族のための家事や飲食業を営む孫娘家族支援のため、90歳過ぎまで手伝い働き。

こんなAさんの現在の生活基盤となり精神的支えとなっているのは、人生後半期の家族のための仕事より人生前半期の給食調理員としての働き方である。その点に関するAさんの語りをあげよう。①②が人生前半期の体験が現在も誇りや自負を支える力となっていることを示す③が彼女の当時の働き方を示す。

①「私は学校の給食に出たんです。35年勤めました。私が給食婦を選んだ時点で幸せがきたんです。だから今の生活があるんです」

②「いま住んでいるこの家、自分の力だけで建てた家です。普通、奥さんたちは

自分の給料は貯金してご主人の給料で生活をするじゃないですか。私はそうじゃない。自分が建てたこの家に歳をとっても住み続けることが出来てね、自分の年金がちゃんと入りますからね。娘婿の生活費も私が出しています」

③「私が64歳のとき、夫が57歳で死にました（注：夫の方が年下）。私も死のうかと思いました。それを思い直したのは、私が途中で仕事を辞めたら他の人が困るんです、児童が２０００人もいたから。歯がこんな腫《は》れるくらい働きました。私が辞めると代わりが二人必要というくらい一生懸命働きました。そりゃあ簡単なものではないです。本当に頑張ってきました、35年間ね」

これらの語りから人生前半期に「頑張った」働きこそが、１００歳になった今も年金や自分名義の家という形の経済的安定をもたらし、同居する娘婿や孫娘との関係で優位性を保つ原資ともなり、今の「幸せ」をもたらしたというAさんの思いが伝わる。前半期の働き方が人生全体の肯定感にもつながっているのである。

次に定年退職後、自ら考案したプログラムで社会貢献活動を行う働き方が現在の暮らしとつながるBさんの人生と働き方をみてみよう。

2．人生後半期の「働き方」が95歳の現在にまでつながるBさん

Bさんのプロフィール：インタビュー時95歳。看護婦養成学校在学時、被爆直後の広島で救援活動に携わる。76歳時、夫死去。息子2人との関係は良好だが同居の申し出を断りひとり暮らし。88歳時に脳梗塞で倒れるが快復。その後、持ち家からケアハウスに転居。インタビュー時もケアハウスでひとり暮らし。

Bさんの人生と働く体験：看護婦養成学校在学中、被爆直後の広島で救援活動に参加、強い衝撃を受ける。結婚し、養護教員として小学校に勤務。60歳で定年退職した後、地域のボランティアコーディネーターなどを経て、郷土料理を住民・児童に教えるグループを立ち上げ、その後も様々な地域活動の担い手となり、現在に至る。

Bさんも小学校教員として定年まで働き、年金・貯蓄という形の現在につながる

経済的報酬を得た人である。しかし、Aさんと異なり、Bさんの現在の暮らしにつながるのは定年退職後に始めた人生後半期の働き方である。

Bさんは教員時代の話題にはほんの少し触れるだけで、定年退職後の人生後半期に自ら切り拓いた社会貢献活動のあれこれ、人とつながる喜びを熱く語る。こうした社会貢献活動をこそ意味ある働きとみなすBさんの背景には、若い頃看護学生として原爆直後の広島で被爆者の救援活動に携わった経験が関わる。

定年まで働いたことは経済的安定をもたらしただろうが、それ以上に人とつながり、役に立つ後半期の働きの方がBさんにとっては人生で意味あるものとみなされていた。①は前半期より後半期の働きの方を重視するBさんの語り　②はBさんのインタビュー時の日々の活動状況　③はBさんの人生後半期の働き方の原点に被爆者救援の体験があることを示す。

①　「60歳の定年まで小学校の養護教員でした。その間はボーイスカウトの役を土・日にする程度。で、退職後、ボランティアコーディネーターを経験し、力

がついたところで、郷土料理を教えるグループを67歳で立ち上げ、学校訪問したりする活動を始めた。歳だからと、家で寝てばっかりいてもね。大事なのは〝頼まれんのにいらんことをして御免なさいね〟と率先して自分でやること」

②「現在（95歳時）は廃校になった小学校で認知症カフェの世話役を頼まれている。保健師さんが準備する間、私みたいなのがいるとそこに集まる高齢者の賑わいが保てて間が持つでしょ。私は自分のこれからを考えるとき、死ぬことより集まりの場を作ることを考える。廃校には調理室もあるし、そこで皆とご飯を作って食べるのは楽しい。墓場はいま満員。先に逝った主人もまだ来るなというので、ここでしばらく皆と何かを作って食べようと思う」

③「私は原爆投下時、看護婦養成所の生徒だった。とにかく広島に行って救援しろと言われて被爆直後の広島に行った。そこで見たのは黒焦げになった人たち、水が欲しいと言っている人たち。そこで見たことが死生観に影響し、いまの生き方の原点になっていると思う」

Bさんの生き方は脳梗塞で88歳時倒れた後、息子からの同居の提案を断り、ケアハウスでのひとり暮らしを選んだ理由にも通じている。「自分が良かれと思ってしたことでも一緒に住むと感謝されなければ気分が悪いし。気を使わないで済む分ひとりがいい。これもいろんな人の話を聞く中でそういうものかと学んできたから」。自分を必要とする人のために家族を超え、人と広くつながって働く。人生後半期に選びとられたこうした生き方が現在も続き、Bさんの日々の暮らしを活気あるものとしていた。

ところで、Aさん、Bさんの場合、職務は異なるが雇用者として賃金を得、それが長寿期の年金額にも反映する働き方だった。しかし、次のCさんは人生の前・後半を通じ、専業主婦として家族のために無償で働き続けた後の80歳過ぎに、些少ではあるが自分の働きに対し金銭的報酬を得るようになった人である。Cさんの働き方は「家庭こそが女の居場所」と生きた場合でも、長寿社会ではその役割を失う人生終盤期に、人とのつながりのなかで新たな働き方が生まれる可能性を示すものだった。

3．80代以降に始めた「働き方」が102歳の現在につながるCさん

Cさんのプロフィール：インタビュー時102歳。外地に住む男性と戦時中に結婚。終戦時、召集中の夫は所在不明。夫帰国後は専業主婦として生活。95歳時に大腿骨頸部骨折。同年、夫死去。98歳時、息子死去。同じ町内に娘居住。

Cさんの人生と働く体験：夫帰国まで5年間、電話交換手として働く。それ以降、雇用され働いた経験はない。夫定年後の65歳〜79歳まで自営業の息子家族支援のため手伝い仕事。80歳で地域活動デビュー。83歳時に新規購入したミシンで裁縫に励むうち、裾上げや衣類の補修等を依頼する地域の人が増え、些少だが対価が支払われる形に。そうした形で手仕事をする暮らしが現在も続く。

Aさん、Bさんと異なり、Cさんの生涯を通してのアイデンティティは「私は専業主婦」というものだった。「これまで働いた経験はありますか？」という質問に

対しCさんは、「ずーっと専業主婦でした」と答えた。彼女にとり「働く」とは賃金を得る働き方を意味し、彼女が担い続けた家事はその範疇外のものと考えられていた。だが、日常の家事はともあれ、息子家族を支援するための家事手伝いという働きは息子家族からの感謝という形の精神的報酬をもたらし、それが専業主婦として生きたCさんの自尊心を高め自負ともなっていた。

しかし、Cさんの人生で興味深いのは息子家族支援のための働きを止めた80歳過ぎに参加した地域活動をきっかけに近隣の人との交流が始まり、裁縫の腕を見込まれボランティア的に始めた手仕事に対し、些少な額だが金銭的報酬が支払われるようになったことである。それは老年期まで続いた息子家族のための働きとは異なる喜びと満足感をCさんに与え、心境の変化をもたらしていた。

Cさんに生じた80歳以降の働き方、心境は79歳までのそれとどのように異なるか。その違いをみてみよう。①は65～79歳までの十数年間、夫婦で1年のうち数カ月間自宅を留守にし、県外に住む自営業を営む息子家族宅に住み、手伝い働きをするなかでCさんが得た報酬の性格を示す語り　②は専業主婦として家族内関係のみに完結していた頃の心境が、80歳以降、地域の人との交流の中でどう変化したかを示す語り③は地域の依頼で手仕事を引き受け、些少ながら現金収入を得るようになった経緯と現在の暮らしについての語りである。

①「夫婦でね、県外で自営業を営む息子家族の家に主人は店を手伝い、私は台所をするために、十数年間通い続けました。嫁も出来た嫁でね、お上手言って喜ばしてくれるんです。〝すごく助かる、それに実のお母さんよりずっと話しやすい〟なんて言ってね。そう言われると有頂天になって、また行ってやらなきゃと。あれやこれや出来ることを精一杯してやりました」

②「80歳までは何十年もこの家に住んでいても、家の中ばっかり。内弁慶で外へ出てもあまり人と話さなかった。こんなもんだと思い込んでいたんです。でも、地域の方とつきあうようになって、出しゃばってもすることはした方がいいんだなと気が楽になりました。だから今はどこに行っても平気でおしゃべりが出来るようになりました」

③「服の直しを頼まれたりすると、夜なべはしませんが夢中になって、ついつい夜遅くまでします。やり始めたら、それが楽しくって。お金はほんとは100円も頂けんのです、自己流でやっているんだから。でも、ただでは気兼ねだ、お金を取らないと頼めないと言われるので、じゃあ、100円貰おうかということに。とにかく楽しい、何かしたい何かしたいという気持ちが先です」

Cさんにとって、老年期まで親として担った手伝い働きは専業主婦としての単調な日々にメリハリを与え、息子の妻の「すごく助かる。実家の母より話しやすい」という言葉はやりがいや自尊心という精神的報酬を与えてくれるものだったのだろう。夫の先に立ち「また行ってやらなきゃ」と十数年も通い続けたのは、それがCさんにとり得難い報酬だったからに違いない。

だが、80歳過ぎて始めた地域交流の中で生まれた裁縫の技を用いての働きによる報酬はそれとは大きく異なっていた。息子家族に対して行う働きは「家族として当然」「親として当然」と無化される側面を持つ。それに対し、地域の人との信頼の上で成り立つ働き方で得た報酬は、それが些少な金額であれ、Cさん個人の能力に対するものである。また、義務として担われるものではなく、「したい」「夢中」「楽しい」喜びを伴う働きであった。そうした働きだったからこそ、それはCさんの有能感を培い「内弁慶」から「平気でおしゃべり出来る」という心境の変化を生んでいったのだろう。年齢に拘《かかわ》らず80歳を過ぎても人は変わることが出来る。Cさんの生き方はこうした点で興味深く思えたのである。

おわりに

これまで3人の語りから、女性の人生と働くことのつながりをみてきた。わずか3人だが、ライフステージのどの時期の働き方が100歳前後の暮らしに続くとみなすかはそれぞれで異なっていた。

3人の人生から指摘できるのは「人生100年時代」とは、女性が家庭役割だけを果たし、家族に保護されながら生涯を終えるという「女の人生」がもはや成立せず、人生のあらゆるステージで、家族以外の人とつながって生きるしかない時代という事実である。娘が先に逝ったAさんは血縁関係のない娘婿と暮らし、Bさんは高齢者住宅でひとりで暮らし、Cさんは町内に娘が住むものの地域の人との強いつながりのなかで生かされていた。

さらに3人の人生から下の世代が学ぶべきことは、人生前半期の働きのみが重要な意味を持つわけではなく、どの時期からも新しいチャンスを拓き、新たな能力を開花させることが可能であるという事実である。

確かにこの3人の場合、年齢相応の衰えはあるもののこの年齢まで健康を維持し、生活の安定を保障する経済的基盤を持ち、人とつながりを維持し続けている点で極めて恵まれた人たちに違いない。この年代まで元気で暮らせる人はまだまだ圧倒的に少なく、経済的基盤も弱く、人とのつながりもない女性の方が多い。

だが、長生きすることを「長生き地獄」と悲観的にみる世相がある現代、この3人の生き方は私たちに希望を与えてくれないだろうか。「孤立することなく、新しい働き方をうみだし、家族以外の人と新たなつながりのなかで、100歳になっても生き生きと暮らすことが出来る」という。もちろん、人間らしく生きる経済的基盤が制度的に保障された上でのことではあるが。

第6章

老いて働き、おしゃれを楽しむ

――きりりしゃん、鏡の向こうに社会が見える

かづきれいこさんの活動

――「お化粧は予防医学です」

外面を変えることが内面にも影響

「患者さんが鏡を見るようになると、退院が間近い」

病院関係者のことばである。

人間、健康が回復すると、容姿を気にするゆとりが生ずるということだろう。もう七〇年以上も昔、中学生になりたてだった私は結核を病み、一年半という長期休学となった。その療養中、毎日手鏡を枕元に置き、一日中本を読むか、さもなければ、鏡に映る自分の顔を見つめていたのは何だったのだろう。

ナルシシズムではない。女も一三歳ともなれば自分の不器量は百も承知している。どんなに鏡を見つめても、鏡は決して私を美しくしてくれなかった。それでも鏡を見つめた思いは美などさし置いて、命そのものへの希求であったと思う。

リハビリメイクで著名な、かづきれいこさんは言う。

「顔は人間の体のなかでいちばん意識が高いのです。顔がなかったら、体だけではなかなかその人だと認識できません。事故などで体が損なわれたご遺体で、手や脚が出てきても遺族は泣けない。顔さえあれば遺族は取りすがって泣ける、と言います」

そうか。幼い私は、私自身の人生の意識の集積地として顔を眺めて、少しでも命をつなごうとしたのか。鏡の向こうに私の命を受け止める社会があることを祈りに似た思いで見つめたような気がする。

かづきれいこさんは、顔や皮膚に障がいのある人のお化粧に独自の技術と理論を開発し、高齢者へのお化粧ボランティアを長年つづけている。人間は中身が変わらなければ何も変わらない、と言い、外形の美それもステレオタイプの美を追求する今の世の中には批判的だ。

一方で、人間の外面と内面はひとつづきであり、外面を変えることが内面に大きな影響を与える、と指摘する。内面の意識と行動と外見を結びつけ、メイクの指導者の育成に力を注ぐかづきさんには、若い世代のファンも多い。

そのかづきさんに、おばあさん＝高齢女性がお化粧することの意味を聞いてみた。すばりひとこと、

「予防医学です」

かづきさんの知人に九〇代の女性がいる。夫は戦死、終戦後の混乱のなか、身につけた英語を生かして子どもを育て上げた。「いつもしゃんとしていること」が、この人の健康法。医療保険制度もろくになかった時代であった。

「かぜを引いても熱を出しても、お化粧をきちんとしていました。そうでなかったら三日かかるところを一日寝ただけで回復しました」

今でもお化粧とネックレス、イヤリングなどドレスアップを欠かさない。

「これが私の健康法です」

外側から自分自身の意識を高めていく

かづきさんは言う。

「人生五〇年時代は、顔や体の老いと心の老いは同調していました。今や人生一〇〇年時代。六〇歳、七〇歳の人の心は若いままでいます。しかし顔や外見は昔のまま、シミも白髪もシワも増えます」

そういえば私の友人が中年のころ老眼鏡を新調して「人生が長くなったと言っても、老眼鏡をかける年齢はまったく私の母とおんなじよ。私たちは、母の世代に比べてメガネとつき合う時間が長くなったわけね」と言ったのを思い出す。一方、最近では平均寿命に歩調を合わせて、老眼の時期が遅れてきた、という報告もあるようだ。科学と医学の発達によって、老化をゆっくり引き延ばすことはできるかもしれない。

私はやはりのアンチ・エイジングということばはあまり好きではなく、生物の宿命として老いは避けられない、と観念している。といって昔ながらの老いの軍門に安々と降《くだ》るのではなく、老いを受け入れながら、人生一〇〇年にふさわしい生き生きとした老いの姿を、心もかたちもつくっていきたい、と願っている。アンチ・エイジングというより、アロング・エイジング（老いへの道に沿いながら）というところだろうか。

だから急激に延びた寿命に、生理的条件が追いつくのに少し時間がかかるとしたら、そこは外側から意識を高めていこう、というかづきさんの提案に私は賛成だ。

とくに眉。通称「かづき眉」と言われるくらい、かづきさんのお化粧は眉がポイント。きりりという感じは眉のあたりに宿るのだろうか、昔から「眉目《みめ》うるわしく」「眉目秀麗《びもくしゅうれい》」など眉のあり方にこだわったことばは多い。「目は口ほどにものを言う」とあるように目はとても大切だが、一方で「眉も高き若人」という表現もあり、意思や志の強さを示している。

私がもっとも感動した女性高齢者の川柳は言う、「はや卆寿《そつじゅ》　身を引きしめて眉を引く」。

九〇歳を迎えた女性が、鏡に向かって生きる意思を確認しているような句である。かくの如く私もありたい、と願っている。

お化粧や身なりのケアが自愛自尊の心を育てる

かづきれいこさんの集めた資料によると、南デンマーク大学で、外見の容姿の若さが死亡率低下につながる、という研究がある。

かづきさん自身、少年院や女囚のいる刑務所を巡回してお化粧、身だしなみの講演をする機会がある。長年の経験を通して、罪を犯した女性であっても、見た目を装うようになり、やさしい表情を保ち、自信ができた女性は、社会復帰しやすく、再犯率が低いため、刑務所に舞い戻ることが少ない、と言う。

顔や自分の身なりに対するケアが、自分自身の存在に対する自愛自尊の心を育てるのだろう。

かづきさんはメイクアップの指導者を毎年東京・大阪を中心に各地で養成している。この研修を修了した女性が、メイクの指導とかづきさんの開発した化粧品の販売を行っている。新しい女性の職場の一つだ。

二〇一〇年の受講生中、最年長は六七歳の現役看護師さん。病院に長らく勤め、定年後も嘱託として常勤で働いている。長い間には顔に障がいのある赤ちゃんの誕生を見ることもあった。何か役に立つことはできないか、と考えているとき、かづきさんのリハビリメイクに出会った。

「デッサンが苦手で別に習いにいこうかと思うくらい。奥の深い学びです」

九一歳の母を労《いたわ》りながら学び、働きつづける。

メイクの力で笑顔を引き出すお手伝いを！

文庫版の出版にあたり、久しぶりにかづきさんの事務所をお訪ねした。

高齢者の外見についての基本原則をお聞きすると、

「外見は神様からもらったもの。綺麗《きれい》に扱えば神様にも喜ばれるかな、とこのごろ感じるようになりました。自分の肌や見た目が老化していくと、人にも心配をかけたり、かわいそうと思われることがあります。それを吹き飛ばすように元気そうな顔に見えることが、これからの高齢者の化粧なのかなと思います。

そもそも〝化粧〟ということばがおかしいんです。英語では〝メイクアップ〟です。つまり価値を上げるということなんです。化けるのではなく、自分を高める、自分の一日を元気にするための一つのアイテムとして考えてほしいんです」

私は、かづきさんの活躍ぶりを、少し遠くからだが、拝見してきた。

二〇〇〇年に発足した「顔と心と体研究会」は二〇一四年に公益社団法人に一新し、全国規模で「メイクボランティア」を育成し、高齢者施設を中心に活動を展開中だ。また、メイクを医療とつなぎたいという長年の願いがかない、「メンタルメイクセラピスト」という認定資格の検定の運営も行うことになり、二〇一九年から検定試験が行われている。

「一人でも多くの人がより豊かな人生を送れるよう、メイクの力を拡げていきたい」と語るかづきさんのことばに、私も死ぬまで道連れの命の器である自分の体を自分なりのやり方でかわいがってあげようと思った。

高齢者のお化粧とおしゃれは周囲の人も元気づける

私は、これまで福祉の実態を学ぼうと、北欧諸国へ三回ほど出かけている。認知症の人の入居施設を訪れたとき、華やかな色彩が目に飛び込んできた。一点を凝視して身動き一つせず腰かけた女性が、私も一生に一度着てみたい、と思う鮮やかな赤紫のワンピースを着てネックレスをつけていた。

「この方は朝からご機嫌が悪くて困っていたのですけれど、ご家族から聞いていたお気に入りの色の服に着替えていただいたら、こんなにおだやかになりました」

とスタッフが話してくれた。

そう、今の私だって、重要な会合のとき、いつもより多数の聴衆が集まる大集会など、「いざ」という感じで身につける服がある。一種の「勝負服」である。身につけることで心が高まったり、逆に安定する服もある。

北欧の認知症ホームのサロンに集う入居者は、みんな色とりどりのおしゃれな服装をしていた。逆に若いスタッフたちは、似たような地味で飾り気のない服装で働いている。

入居者の服装は、スタッフとの間に会話をもたらし、単調におちいりやすい介護の営みを元気づけているのではないか。年老いれば老いるほど、個人として自己表現する領域は狭くなっていく。車椅子の上、部屋のなか、サロンのなか。限られた領域のなかで、おしゃれ、お化粧は継続性のある自己表現である。

お年寄りへのボランティアとして今、おしゃれが提供されているのだろうが、それは一方で、お年寄りができる、スタッフや周囲の人々へのボランティアだと考えることもできる。老いた人が明るくしゃんとしていないと、若い世代の心もどこかで萎えていく。たしかに、外面と内面はつながっている。そして顔に代表される上半身と、下半身もまたひとつづきなのだ。

高齢者向けの安くて高級感のある化粧品の開発を！

この本で私はお化粧について書いたが、化粧品の宣伝をするつもりはまったくない。あえて言えば、年金生活者になった高齢者向けに、もう少し化粧品の価格を下げることはできないか、という要望を持っている。すっぴんで通した人は、生涯すっぴんもまた結構。それはその人の選択である。しかしどんなすっぴん派も、洗顔後、入浴後にローションぐらいつけるだろう。これが女性の日常性というものだ。高齢者向けの安くて高級感を保った商品をぜひ開発してほしいと思う。

私自身は、お化粧すること、鏡に向かうことは、働く人生を支える「社会へのパスポート」だと思っている。この際世に言う美醜は問題ではない。シミ、シワ、白髪、イボ、アザ——医療的にもそう簡単に解決できない加齢による皮膚の問題点は少なくない。

でも、自分の顔はこれ一つ。残る人生もこの顔を引っ下げて、いや首の上に据えつけて世を渡っていくより他はない。だからこの顔を大切に、できることなら自分も周囲の人々も元気づける表情と装いをしたい。

近年は、美容福祉学会という学会が生まれ、福祉と美容との関係を深める研究が進んでいる。山野美容芸術短期大学のように、美容師と介護福祉士と両方の資格が取れる専攻を持つ短大もある。

ＨＢ（働くばあさん）の増加は新たな市場を生む

ここでは高齢者と障がい者のお化粧に取り組む企業の例を挙げた。

こういった企業はボランティア活動にも熱心に取り組んでいる。

その活動のなかに、中高年が数多く参加している。私が言う「ＨＢ」（働くばあさん）がこの分野でも着々と増えつつある。収入が高いか低いかは問うまい。ＨＢが増える。鏡に向かって、きりりと身支度して外に出る中高年女性が増える。行動範囲の広がりと、そこで得る収入は、きっとこの分野のビジネス発展につながるだろう。

今まで家のなかにこもりがちだった中高年女性が、仕事やボランティアで外へ出るようになったら、「省エネルック」が一世を風びして半袖ワイシャツの売上げにつながったように「ＨＢルック」「ＨＢファッション」が新たに生まれ、ビジネスチャンスとなり、新たな市場形成につながるかもしれない。ＨＢ（働くばあさん）の増加は、かくの如く社会を明るくし、世の中のカネと人の流れによい循環をもたらすのだ。

私の下手くそな七七歳時の所感。

えいやっと掛け声かけて足あげてパンストはいて喜寿われの朝

喜寿われを確《さだ》かに映す鏡あり眉引き紅さしいざ外出《そとで》せん

死ぬまで元気にお役に立ちたい
――気になる健康問題

働くためには健康の維持が大切

日本の高齢者の多くが「健康のために」働き、その目的はかなり達成されている。一方で働きつづける高齢者の今後の不安もまた「体がいつまで持つか」と、健康にまつわることであった。人間には寿命があり、必ず老いていく。加齢による心身の衰えは、今できることを少しずつ過去形に押しやっていく。

一つ数字を挙げよう。主として六五歳以上の人に適用される介護保険制度。要介護認定を受けて状態に応じたサービスを受けることができる。

日本中で、要介護認定者（軽度の要支援も含む）のうち、六五歳以上の人は、二〇一五年度で六〇六万八〇〇〇人、高齢者人口の一七・九％を占める。そのうち六五～七四歳は同一年齢層の四・三％なのに対して、「後期高齢者」と呼ばれた七五歳以上では三二・五％にはね上がる。年を重ねるほど、要介護と認知症の比率が高くなる。

高齢者の健康をどのように保つか、働く高齢者側はもちろん、事業主など高齢者に働く場を提供する側にとっても、もっとも気がかりな点である。六〇代、七〇代以上の時期を生きる人がこんなに増えたのも前代未聞、ましてその年齢で働こうとする人々が増えたのは社会として初体験だから、高齢者層の働く人々の健康管理、健康維持のノウハウはまだできあがっていない。

今やっと、高齢者の急増と働く願望にせき立てられるように、健康管理のあり方を模索する動きが出てきた。企業と農村と、二つの場での動きをご紹介しよう。

企業や職場の取り組みは？

就労人口のうちもっとも多い、企業などの職場で働く人々への対策はどうか。

大小の会社、官公庁などの雇用労働者全体には、二〇〇六年、六〇歳定年から、多くの場合条件付きながらようやく六五歳までの就労が可能になった。その後、二〇一三年改正で、定年制の廃止、六五歳まで定年年齢を引き上げる、六五歳までの雇用継続のいずれかが義務づけられた。

たかが五年、されど五年。企業が五五歳定年を定めたのは大正時代と言われる。それから六〇歳定年が定着するまで六〇年かかった。そして高年齢者雇用安定法改正で、六五歳までの就労継続は思いがけないほど企業の九九・九％（二〇二二年）と定着しつつある。この間、大正期の男性の平均寿命四三歳から二〇二一年の八一・四七歳まで三八年も延びているというのに、定年のほうはたった一〇年、四分の一にも満たない。

しかし企業の側から見ると、六五歳以上の就労はまったく新しい試みであり、その年代の人がまとまって職場にいる風景は想像を超えている。大げさでなく前人未踏、前代未聞。雇用主側が不安に思うのは無理もない。

「高齢・障害者雇用支援機構」では、高齢者雇用に関する調査研究を積極的に行い、PRに努めている。

二〇〇八～九年度「七〇歳雇用に向けた高年齢者の体力等に関する調査研究」の結果を見ると、回答企業（東証一部七一社、五〇九八名）のうち六六歳以上の就労継続（非常勤が大半）に賛成する企業は各業種とも一割程度。「七一歳以降」となると「非常勤」でも「賛成」は一ケタとなる。

企業――雇う側にとっては何よりも高齢者の労働能力が問われるところだ。喜ばしいことに、平衡感覚など「生活機能」と呼ばれる能力が、四〇代、五〇代でいったん低下したにもかかわらず、個人差はあるものの六〇歳以上でむしろ向上している。さらに、労働適応能力が高い労働者は年齢にかかわらず生活機能が高く、仕事による疲労回復力が高いことも証明されている。

やっぱり運動は大切だった

この調査研究のリーダー、神代《くましろ》雅晴さん（産業医科大学教授／二〇一〇年当時）とメンバーの亀田高志さん（㈱産業医大ソリューションズ社長・医師／同）に聞いた。

「生活機能や疲労回復力を高める鍵は、中程度以上の運動習慣を持つこと。とくに六〇歳以上は、この運動習慣の有無が重要な鍵になります」と神代さん。

先ほど四〇～五〇代でいったん低下した生活機能が六〇代で回復の傾向を示すと述べたが、これは定年あるいは少しヒマになった六〇代が意識的に運動を始めた成果かもしれない。

私は運動が苦手で、食べること大好き、その相乗効果で二〇〇九年の連休に倒れて、胸腹部大動脈瘤人工血管置換手術というのを受けた。手術後の痛み苦しみは、もう死んだほうがよかったと思うほど。

しかも手術の翌日から担当医が青竹で尻を叩かんばかりの勢いで「起きろ！」

「歩け！」「一〇〇メートル！」「二〇〇メートル！……六〇〇メートル！」というところで一か月の入院期間を終わった。

当時は恨めしいばかりだったが、今こうして社会活動ができるのは、心ならずも手術直後から運動を強制されたおかげだろう。食事は控え目に「食い」改めた。外出時はどうしてもタクシー利用に傾きがちだが、なるべくラッシュアワーのもみくちゃを避けるときだけにして、駅構内を歩く。東京の駅や空港は広いから乗り換えを重ねると結構な運動量になる。神代さんは言う。

「調査結果でも、自動車通勤でなく電車、徒歩通勤がアンチ・エイジング対策として大切だと示唆されました。休日、勤務日にかかわりなくバランスの取れた睡眠をとることも大切です」

「一方、勤務時間について休憩時間など高齢者に配慮している職場では、当然のことですが、疲れが少ない。高齢者が就労をつづけるためには勤務時間、休憩時間配分が重要な条件になるでしょう」

そうでしょう、そうでしょう。私、七八歳（二〇一〇年当時）。ある日の講演風景だけ見ていただくなら、昔とあまり変わらないと思っている。八〇代前半までは北海道も九州もひとりで出かけて行った。しかし、一日中働いた翌日の午前中は、正午過ぎまで寝て過ごす。瞬間風速は若い人とさほど変わらなくても、回復力が違うのがトシというものだ。

働いていると、体力も維持される

さらに嬉しい神代さんのおことば。

「一般に年齢とともに体力測定の結果は低下していくものですが、就労をつづけている方だけを対象とするこの調査では、ほんの一項目以外は、低下の傾向が見られませんでした。就労継続している方は、体力が維持されていると考えられます」

ほんと、科学的にもそれが証明されるとなると、まさにやったァ！　という感じ。

しかし神代さん、亀田さんは、次のひとことを忘れなかった。

「結局、三〇代、四〇代の若いころからのあり方が響くのです」

高齢者の能力と健康には、若い世代以上にバラツキが大きいことは事実で、六〇歳ぐらいで低下する人もあれば、六五歳過ぎて元気に働く人もいる。元気な高齢者を観察するとやはり六〇歳までに〝元気〟を積み立てた人が多い。元気は医者や薬ではつくれない。一朝一夕にできるものでもない。

「高齢期の元気は、若いころからよい生活習慣、睡眠、栄養を正しくとり、適宜な運動をつづける、日々の生活の積み重ねなのです」

厳かに告げられると返すことばがない。老いの健康・元気は、お金で言えば日掛け積み立て貯金のようなものらしい。

「年をとってから一発逆転ホームラン、宝くじ特賞が当たるような健康法はないものでしょうか」

と恐る恐る質問したが、「ございません」ときっぱり。

「でもあるときから一念発起すれば、しないよりマシです」

だから私はこの本を、高齢女性だけでなく若い世代にぜひ読んでもらいたい。

農業は九〇歳ぐらいまで元気に働ける仕事

農水省は二〇〇九年度からその名も「シニア能力活用総合対策事業」として「農村高齢者の健康支援」の調査研究に取り組んでいる。農業では、基幹的農業従事者と呼ばれる、一家の中心となる農業者のうち、六五歳以上が五九・七%とほぼ六割、七〇歳以上だけで四五・二%と半数に近いのだから、すでに農業全体がシニア産業化している、と言ってよい。（文庫版補記：二〇二〇年の調査では、六五歳以上が七〇%に達している）

地産地消の動きは、小規模農業を励まし、農業で働く高齢者を男女問わず後押ししている。加工プラスサービス、たとえば民家を使って自然食のレストラン経営となると、女性たちの独壇場だ。

農業は「九〇歳ぐらいまで健康で働ける」と農水省の担当者は胸を張った。

一方、企業で言えば労働災害にあたる、農作業事故における死亡者はとくに高齢者に目立つ。農業機械による事故はまずは男性だが、全死亡者三九二人中、六五歳以上が二九八人と九割を占める（二〇一〇年当時）。「高齢者による農作業事故防止のための実態調査及び啓発資料の作成」が農水省の高齢社会対策のなかに盛り込まれている。

男性が担ってきた「力仕事」は、年をとると機械に頼りがちになる。その機械を高齢者に合わせた安全性の高いものにすること、高齢者の側も男女を問わず機械の利用法に習熟することが求められるだろう。

農繁期に善玉コレステロールが高かった

「農村高齢者の健康支援」事業は、全国数か所で行われているが、長野県「ＪＡあづみ」もその一つ。佐久総合病院の医師・保健師などが中心となって調査した。

その結果、農業は作業内容が一〇〇〇種類を超える多様性を持つせいか、農繁期のほうが農閑期よりも善玉コレステロールが高いことがわかり、農業でも働くことが介護予防に効果的であることが示唆された。

身体症状の訴えの上位三項目は、女性は、①体の痛み五七・四％、②つまずき四一・五％、③尿もれ二八・二％。男性は、①体の痛み四一・四％、②つまずき三一・六％、③聞こえの不便二五・一％の順。

女性の場合、肩や足腰に痛みの問題を抱える例が多いが、それでも継続できる理由は、一に、「周りの人の励まし、声かけ」、二に、周囲が手伝ってくれる「人的支援」。家族や嫁さんのほめことばよりも、あかの他人、通りすがりの人たちからの評価のほうが励ましになるそうだ。周囲の声かけ、励ましの効果は、なぜか女性のほうが男性より有意に高い。

調査研究の推進役、佐久総合病院健康管理センターの中澤あけみさん（保健師）は言う。

「農村の高齢者、あるいは今後、都会から帰郷する高齢者にとって、居場所と生きがいを考えるとき、昔体験した農業とのかかわりが重要な意味を持つと思います」

「高齢者がいきいき暮らすことが、医療費・介護費の軽減、子どもの教育にとっても重要であり、ほんとうに必要な人に手厚い医療・福祉を提供することができます」

次なるステージでもう一つの働き方を

厚労省をはじめ政府がサポートする高齢者の就労を進める団体がある。

全国一三三九か所あるシルバー人材センター。地域ごとの多様な仕事に会員組織で取り組んでいる。会員数は約六八万人（二〇二一年）。なかには介護保険制度の事業者として、デイサービス事業を営んでいるところもある。最近は、看護師、保健師、保育士、教師など有資格の定年退職者が会員になるので、人材にはこと欠かないようだ。

ファミリーサポートセンター（実施市町村は全国九七一市町村／二〇二一年）も会員組織。主として保育所と親の帰宅時間の間を埋める役割を中高年の女性・男性が担っている。社会的祖父母力発揮の場というべきか。親の就労の有無にかかわらず会員になることができる。先に紹介した「家庭的保育」（通称保育ママさん制度）とともにこれから発展してほしい活動である。フランスでは、いわゆる認可保育所よりも、小規模な家庭的保育が発達し、中高年女性の就労の場ともなっているそうだ。

高齢者の就労の仕組みを、高齢者自身の立場から新しくつくり出そう、という動きが男性側から起こっている。

元「連合」会長の笹森清さん（労働者福祉中央協議会会長／一九四〇〜二〇一一年）のもう一つの肩書は「協同労働の協同組合法制化をめざす市民会議」という長

い名前の組織の会長である。六九歳（どちらも二〇一〇年当時）。不況のなか、労働者の非正規雇用化が進むなかで労働組合リーダーの役割を果たした。今、大量の失業や貧困に直面しつつ、新しい働き方を模索している。笹森さんは言う。

「雇用労働の世界に四〇年。経営と労働の質がものすごく変わった。これからも雇用労働は主流だろうが、雇用されない働き方も一つの選択肢ではないか」

その活動はすでに、労働者協同組合（ワーカーズコープ）として三〇年の歴史を持ち、地域の清掃、介護などで一〇万人ほどの人が働き年間三〇〇億円を稼ぐ。

しかし、根拠になる法律がないのでいろいろ活動に制約がある。「新たな公共の担い手として、とくに地方自治体が安心して仕事を任せうる受け皿となりたい」というのが笹森さんの抱負だ。法案は、旧与党（二〇一〇年当時）から現与党（二〇一〇年当時）さらに共産党を含む挙党一致で議員立法をめざす。

協同労働――わかりやすそうで聞き慣れないことばだ。働く人々が出資して起業し、経営に参加できる働き方のことを言う。出資額にかかわらずひとりが一票の発言権を持ち、賃金や運営に参画する。EU（欧州連合）などではすでに法制化されている。

こうした働き方は、若い世代よりもむしろ定年後、中高年齢者に向いている。組織のあり方から言って公共性が強く、「大儲け」は期待できそうにないからだ。若い働き盛りの一仕事を終えて、一定の年金を得た人々が次なるステージに地域貢献と社会参加を実現する場として大いに期待してよいだろう。

「もう一つの働き方」創造の動きは、男性・女性問わず始動しつつある。今の中高年世代は人生第二の「もう一つの働き方」を発明するエジソン並みの能力を問われているのだ。

終章

花咲かばあさんが未来に幸福の種をまく

――生涯を通して働ける幸せな未来のために

老いて働き、お役に立って、幸福に

人生後半の就労システムの確立を！

というわけで、六五歳以上がすでに三人にひとり弱（二九・一％／二〇二二年）となった世界一長寿国の日本にとって、老いて働くことはもはや社会存立に向けて必須の条件である。ＩＣＴ（情報通信技術）革命とか宇宙開発とかＤＮＡ解明とか、二〇世紀から引き継がれた科学技術の改革は二一世紀にさらに発展を遂げるだろう。と同時に、いやそれ以上に必要なのが、人生一〇〇年時代の到来を前に、人生後半の就労システムを確立することだ。女性にも、男性にも。

もともと厚労省は定年延長を熱心に進めてきて、「生涯現役」はそのキャッチフレーズである。傘下にある高齢・障害者雇用支援機構は、高齢者就労のため、先にご紹介したようなさまざまな施策や研究に取り組んでいる。厚労省の政策によるシルバー人材センターの会員数六八万六六五一人、うち三分の一は女性である(二〇〇二年)。

就労はこれまで主として男性が主人公の場であったから、本格的人生一〇〇年システム構築には、男性たちが本気で乗り出さなかったら達成は難しい。と同時に、今後はその高齢人口のなかで多数派であり、平均寿命が長い女性を、もう一つの主流に据えて考えなければなるまい。男性にターゲットが絞られているように見える政策の場合、必ずそのなかで女性の数値と立場を確認してほしいと思う。

何と言っても、高齢期においては女性のほうが数も余命も大きく、長いのだから、女性の実態を基礎に政策を立てれば、多くの男性の問題もそのなかに包摂《ほうせつ》される。

昔からこれを「大は小を兼ねる」と言う。

貧乏ばあさんの歴史と実態をここまでたどり、貧乏にめげずくじけず生きる女性たちの明るさ、たくましさ、人間関係の豊かさもたくさん見てきた。

とはいえ、全体として浮かび上がるのは、女性が伝統的な「女の生き方」システムに従う限り、老いて貧乏になりやすい、という構図である。この構図を就労、社会保障、家庭での役割、すべての面で設計変更しないと、超少子高齢社会である日本全体の維持発展も難しくなる。

男性も生涯を通したライフプラン、ケアプランを

女性には出産適齢期がある。仕事と妊娠・出産が両立できるよう育児休業等の充実、再就労保障はますます必要な政策だ。これまで、多くの中断再就職型の女性が存在し、非正規雇用の常態化はまず女性から始まっている。

そして今、男性にもその波が押し寄せ、若い世代を中心に不安定で低賃金で、職

HB
BB
BB

を失えば住まいも失う層が増えた。一国のなかで女性の就労上の地位を軽視すれば、やがてそれは男性に及ぶことを、私たちは目の当たりにしてきた。

やはり男女を問わず労働者としての基本的な権利を働く人々に認めること。そこから始めなければ、社会全体の幸福と安心につながらない。

そして男性もまた、この超高齢社会の一員として、個人的にも社会的にも増えたケア役割を担う、男性の男女共同参画型ライフプラン、ケアプラン、キャリアプランを描く時期ではないか。子育て期には妻と育児を分かち合う。そして高齢者の介護については、自分自身の親の、ときには妻の介護の当事者だ。そのための社会的サポートや法的整備は、第3章で記したように、男性自身にとっても切実な課題である。

生理的な差があるから育児期には女性に負担が重くなるのはやむを得ないだろう。私はその分、女性が長生きなのだから、定年制を設けるなら女性を七年長くしていい、くらいに思っている(冗談です)。

まあ、定年制は男女平等でよいとして、そのくらいの気概を女性側は胸に抱きつつ、自らの人生一〇〇年の設計を描いてほしいと思う。

持続可能な労働の循環のために望むこと

最後に、世の中が花咲かばあさん、花咲かじいさんで満ちあふれ、次の世代に幸福の種を送るような、持続可能な労働の循環のために、これまで記したことを含めて、まとめとして申し述べたい。

国や自治体、行政に望むこと

一、女性の就労が公正に報われるような雇用、社会保障、税制の見直し。

二、当面、女性が生涯に落とし込まれる三度のすべり台から、立ち上がるための三度笠を用意する。女性の非就労者のなかから、できるだけ「不本意無職」

をなくす。

三、家庭の事情で離職した女性の教育研修機会、再チャレンジ奨学金制度、就労あっせん特別窓口などを設置する。

四、シルバー人材センター、ファミリーサポートセンターなど既存のネットワークの活動発展を図る。高齢女性のための適職開発について、厚労省、文科省、農水省など関係省庁、大学等研究機関等が総力を挙げて開発する。新しい公共の担い手として、高齢女性（男性）活躍の国家的プロジェクトを立ち上げる。

五、健康対策を開発する。

六、育児と介護と仕事の両立支援法制を確立する。

企業・組織に望むこと

一、女性の生涯にわたる生理的生活的条件、妊娠・出産・子育て、更年期、介護などに配慮して、多様な就労形態を工夫する。男性も介護せざるを得ない超高齢社会において、介護休業制度を充実する。多様性とみんな仲間という包括性こそ、これからの職場のキーワード。

二、女性が定年まで働きつづけることを前提とした職場管理。妊娠・出産、夫の転勤などのライフ・イベントによって離職しやすい女性をはじめ、男性も含めた中途採用システムをつくる。

三、経営者のなかから高齢者雇用に専念して業界をリードする人材が輩出してほしい。経済界全体として高齢者雇用を推進する体制を整え、好事例を紹介し合うなど。

そして、何よりも女性自身、あなた自身に

一、せっかく生まれた命、せっかく延びた長寿。たった一度の自分の生命を大切に、自分を伸ばし、だれかのお役に立つ人生をひらこう。

二、辞めない。辞めてもあきらめない。職業社会にとって、女性はまだ歴史の浅い新参者。女性が働きにくいのはあたりまえ。これは人生五〇年時代の産物だ。人生一〇〇年時代を迎え、男たちもこのシステムでは息苦しさが増してきた。今がチャンス。自分を生かし、他者を支える、働くことを通した人生を打ち立てよう。

三、この道一筋も、定年で一休みも、新天地開拓も、老いての就労は何でもありの多様性。女の強みは人間関係、仲間の存在。女三人姦《かしま》し、は悪口だった。三人寄れば文殊《もんじゅ》の知恵とも言う。女たちはまだまだ、知恵の集積が足りない。

四、ひとりで考える時間を持とう。他者の意見に耳を傾け、生の情報を集めつつ、考える力を養おう。ひとりの力量がゼロでは何も始まらない。一人ひとりが力量をつけてこそ、職場で地域で時代をつくる力になる。

未来に豊かな価値をつくるために

今、日本には世界未曽有の黒船、少子高齢社会がやってきている。人生一〇〇年のすべての老若男女が持てる力を発揮しなかったら、この「黒船」には対抗できない。社会も個人も人間を支える営みにお金と知恵と労力を提供する必要がある。人間の働き方や社会保障の仕組みを変えなかったら、この「黒船」には対抗できない。その鍵を握るのは女性の就労である。

第一に日本はまだ社会保障の水準が他の先進国と比べて高くない。高齢者が増えれば介護医療など社会保障費にお金がかかるのはあたりまえ。日本の高齢化率は世界一だというのに、日本の社会保障費の対国民所得比は一八・七％、ドイツ二三・七％、フランス二四・九％（二〇二〇年）。誰がどう負担するかは大問題だが、まず日本の社会保障費が低いということを知る必要がある。

第二に、社会保障費の比率の高い国ほど、女性の就労率が高く、社会進出が進み、女性の地位が高い。スウェーデンはじめ北欧諸国へ行くと、その国の人たちは異口同音に「私たちの社会保障、社会福祉をつくったのは女性の力です」と言う。働きに出て、そのための保育所づくり、介護と両立する職場のシステムづくりを進めてきたのは女性たちだ。女性の国会議員など社会の方針決定に女性の参画率が高い国ほど、社会保障費の比率が高い。

第三に、日本のように社会保障費の低い国は、その分を家族が家庭内で福祉を担っている。日本では他の先進国に比べて専業主婦の比率が高く、家族の保育や介護を無償で負担している女性が多いのだ。男性の労働時間が長く、家庭参加がなかなか進まない。そのような日本や韓国で、結果として少子化が進んでいる。社会保障費が多く、男女共同参画を実現した社会のほうが出生率が高い。これも厳然たる事実だ。出生率が低いと次代の社会保障が危うくなる、という悪循環である。

だからもう一度言う。中高年の女性が働く風景を定着させ、若い世代の安定的就労の足場を固め、家庭でも職場でも男女が力を合わせ、成果を分かち合うこと。それは決して、貧乏ばあさんから女性が脱出するためだけではなく、日本の男女が、そして未来の社会が貧乏から脱出し、豊かな価値を創造するための唯一最良の道なのだ。

HB、ビー・アンビシャス！

昔、少年よ大志を抱け。今、少年も少女も大志を抱け。そして日本のばあさんよ、大志を抱け。高齢女性、ビー・アンビシャス。もちろん高齢男性も。働いて生きる。女性たちがそう覚悟し行動することで、世の中の風景が変わる。

ＢＢよさらば。ＨＢの花を咲かせよう。

何よりも現役世代の女性に、人生一〇〇年の働き方を見据えて今の生き方を選択してほしい。昔から「ローバは一日にして成らず」と言い、「すべての道はローバに通ず」るのである。

おわりに

今、日本で「おばあさん」と呼ばれる世代の女性へ、そしてやがて「おばあさん」になる現役世代の女性へ、現状のきびしさをしっかりと見つめながら、「おばあさん」になり「おばあさん」を生きることが楽しくなるような本を書きたいと思っていました。

今の「おばあさん」は相対的に貧乏です。BB＝貧乏ばあさんです。「女は貧乏に生まれない。女を生きるなかで貧乏に落ち込むのだ」と文中に書いたように、世の中の就労をめぐる仕組みがすべて、女をひとり立ちさせないようにできているからです。

でも、今の「おばあさん」たちは、貧乏でも元気です。「ボロは着てても心は錦」という昔のことばがありますが、今の「おばあさん」は「身はおしゃれで心も錦」です。これからの男性にも女性のいいところは真似してもらって、お互いによい超高齢社会をつくっていきたいと願っています。

全国津々浦々「働くばあさん」「花咲かばあさん」を訪ねる旅は快適でした。行く先々で私は元気になっていきました。この本で少しでも元気のおすそ分けができれば幸せです。

三〇年前、私の若いころの本をたくさん出してくださった海竜社社長・下村のぶ子さんとまた仕事ができて幸せでした。お互い七〇代の「働くばあさん」です。若いママさん編集者・古川絵里子さんに大変お世話になりました。本書のなかで「高齢社会をよくする女性の会」が実施した調査を数多く引用しました。長年ともに活動を進めた当会の役員、会員の皆様に心から感謝を捧げます。私の助手である熊崎清子さん、河野澄子さんにも多大な協力を得たことをここに感謝します。

文庫版あとがき

私は、九一年生きてきて、これからの日本社会の変化は、何よりも女性の働き方が変わること、という確信を深めていました。二一世紀に入って「人生一〇〇年社会」が提唱され、日本以外の先進諸国では、女性のライフサイクルを通じての働き方――いわゆるM字型――がほぼ解消していることを知りました。世界一の少子高齢国日本で女性の生き方・働き方の変革は、個人にとっても社会にとっても急務です。

これからの日本の未来に必要なことは、女も男もともに幸福を実現するために、ワーク・ライフ・ケアを男女両性が分かち合い、担い合い、ライフもワークもケアもこの社会の維持発展に必須の営みとして位置づけることです。授乳など男女の性差に基づく差は尊重されるべきですけれど。

人生一〇〇年社会。長くなった人生において必要とするケアを提供するためにも一定の人材が必要です。ケアを担う意識と行動は幼い年齢から学習が必要でしょう。

一方で「人生一〇〇年」を生きる側にも覚悟が必要です。一生を通して、可能な限り自立し、家族以外の他者を支える覚悟、そして支えられる覚悟です。人生一〇〇年社会は、そのなかを生きる私たちに生き方の変革を迫っています。

何より大きなことは、男女の働き方でしょう。本書で繰り返し述べているように、少子化する人口構成では男女を問わず働き、税金や社会保障費などを納めなかったら社会は回っていきません。

こうした社会の変革をもっとも早く指摘したと言われるデンマークの社会学者G・エスピン＝アンデルセン（現在スペイン在住）は、二一世紀初頭から「女性」「子ども」「高齢者」に焦点を当てた未来への構図を提案し続けてきました。今後の「女性革命」は、女性の生涯を通しての就労であり、すでにスカンジナビア諸国、アメリカ、イギリス等ではほぼ完成していると言っています。

また彼は女性革命を完成させるための新しい家族政策を提唱しており、そのなかで「男性のライフスタイルの女性化」について述べています。日本をはじめ多くの国では男性ライフスタイルの女性化は遅々としていますが、日本でも父親の育児休業に対する特化の制度が広まりつつあります。

※参考文献
G・エスピン＝アンデルセン
『平等と効率の福祉革命―新しい女性の役割』（大沢真理監訳／岩波現代文庫・二〇二二年）
『アンデルセン、福祉を語る　女性・子ども・高齢者』（林昌宏訳／京極高宣監修／NTT出版・二〇〇八年）

男・女・父・母の性別役割に基づく男女の人生コースがどこまで変革されるかは明確ではありませんが、前代未聞の人口縮小、家族減少、少子化時代を生きる後輩たちにとって、時代をリードするG・エスピン＝アンデルセンが、結果としてジェンダー解消につながると思われる政策提言をしていることは心強いことです。

二〇一〇年に出版した前著『女、一生の働き方』では、私は男女平等の社会実現の鍵は、男女の労働条件の平等ということを力説してきました。そして今回、光文社知恵の森文庫で改訂出版することとなり、私の長年の主旨を根本から肯定し、強く打ち出すことができました。

改訂にあたっては、「ヨタヘロ期」という言葉の生みの親とも言える家族社会学者の春日キスヨさんにご寄稿をいただくことができ、大変充実した内容となりました。心より感謝申し上げます。また、お忙しいなか、取材に協力いただいた竹箒の会の橋詰信子さん、かづきれいこさん、ありがとうございました。

この文庫版の企画を提案くださった編集者堀井朋子さんをはじめ光文社知恵の森文庫の関係者の皆さま、高齢を理由にさぼりがちな私を常に叱咤激励して伴走してくれた助手の河野澄子さん、佐藤千里さんにもお礼を述べたいと存じます。

そして、この本を手に取ってくださった皆様に感謝を捧げます。

将来、すべての女性が貧乏から脱却し、「人生一〇〇年社会」の変革が完成する日が来ることを心から願っています。

二〇二三年五月

樋口恵子

知恵の森
KOBUNSHA

B B《貧乏ばあさん》の逆襲《ぎゃくしゅう》

働《はたら》くハッピーばあさん(HB)になる、女《おんな》、一生《いっしょう》の働《はたら》き方《かた》

著　者—樋口恵子(ひぐち けいこ)

2023年　6月20日　初版1刷発行

発行者—三宅貴久
組　版—萩原印刷
印刷所—萩原印刷
製本所—ナショナル製本
発行所—株式会社光文社
東京都文京区音羽1-16-6 〒112-8011
電　話—編集部(03)5395-8282
書籍販売部(03)5395-8116
業務部(03)5395-8125
メール—chie@kobunsha.com

©Keiko HIGUCHI 2023
落丁本・乱丁本は業務部でお取替えいたします。
ISBN978-4-334-78810-0　Printed in Japan

R <日本複製権センター委託出版物>
本書の無断複写複製（コピー）は著作権法上での例外を除き禁じられています。本書をコピーされる場合は、そのつど事前に、日本複製権センター（☎03-6809-1281、e-mail:jrrc_info@jrrc.or.jp）の許諾を得てください。

本書の電子化は私的使用に限り、著作権法上認められています。ただし代行業者等の第三者による電子データ化及び電子書籍化は、いかなる場合も認められておりません。

78679-3
tの4-1

野崎《のざき》 洋光《ひろみつ》

体が喜ぶ二十四節気の料理帖

二十四節気を通じて、旬の食材、日本の食文化などを、和食の第一人者が徹底的に解説。より美味しく食べるためのコツとレシピ付き。『和食育 二十四節気』改題。

814円

78790-5
cの4-3

野田《のだ》 隆《たかし》

ニッポンの「ざんねん」な鉄道

安全で清潔、時間も正確な日本の鉄道だが、利用者・旅行者目線で見ると、物足りない部分が目に付いてしまう。そんな鉄道好きであるからこその「ざんねん」を〝鉄分たっぷり〟に綴る。

990円

78643-4
tは3-1

朴《パク》 慶南《キョンナム》

私たちは幸せになるために生まれてきた

松本サリン事件の被害者・河野義行さんとの交流、全盲の画家との出会い、著者の父が祖国の地を踏むまでの七十数年など、20のエッセイを収録。心にほんわか、明りを灯します。

858円

78799-8
tは6-1

馬場《ばば》 雄二《ゆうじ》

厳選100問！ 脳が活性化する

漢字るパズル

文庫書下ろし

半世紀の間に、新聞連載・著書・テレビ番組などで5000問以上のパズルをデザインしてきた著者が、その中で好評だったテーマに新作を加えてアレンジし、100問を厳選！

880円

78726-4
tは5-1

林《はやし》 貞年《さだとし》

誰でもできる

催眠術の教科書

超能力とは違い、催眠術は科学に基づいた心理誘導技術であり、究極のコミュニケーション術。催眠術のかけ方から解き方まで、詳しく解説。『誰でもすぐできる 催眠術の教科書』改題。

748円

78634-2
tは2-1

ピーター・バラカン
若月《わかつき》 眞人《まさと》 構成・文

ピーター・バラカンのわが青春のサウンドトラック

六〇年代から七〇年代、まさにロックが黄金時代を迎えたロンドンで青春を過ごした著者。その強烈な音楽体験を、名曲の聞きどころとともに語りつくす。愛聴盤ガイド付き。

726円

78522-2
tふ2-1

ベティ・L・ハラガン
福沢《ふくざわ》 恵子《けいこ》
水野谷《みずのや》悦子《えつこ》 共訳

ビジネス・ゲーム

誰も教えてくれなかった女性の働き方

ビジネスをゲームと定義し、仕事のこなし方、お金、人間関係ほか、企業社会での秘訣を伝える。全米で100万部のベストセラーとなった「働く女性のためのバイブル」。（解説・勝間和代）

770円

78560-4
tひ2-1

マーク・ピーターセン

日本人が誤解する英語

「日本人英語」と長年つきあってきた著者が、ネイティブの立場から、日本人が陥りがちな英文法の誤解と罠、そして脱却方法を懇切丁寧に解説。『マーク・ピーターセン英語塾』改題。

796円

78521-5
tひ1-1

ビートたけし
村上《むらかみ》 隆《たかし》

ツーアート

「アートは『ゲーム』だ」村上隆。「オネーチャンを口説いてるようなもん」ビートたけし。日本よりも海外での評価が高い2人の天才アーティストが語り合った世界に通じる「芸術論」！

713円

78720-2
tひ6-1

広田千悦子《ひろたちえこ》

くらしを楽しむ七十二候

日本の四季には七十二もの季節、すなわち「七十二候」があります…その七十二候のうつろいに寄り添いながら、豊かな季節の「行事」や「旬」を楽しむ〝くらしの歳時記〟。

682円

78796-7
tふ7-1

藤井《ふじい》 伸二《しんじ》

タイからはじめるバックパッカー入門

文庫書下ろし

様々な制限のもと自由になれなかった時間は終わりにし、バックパックを担ぎ旅に出よう！タイ在住の著者ならではの、気ままな旅が楽しめる〝東南アジア〟のめぐり方を案内する。

968円

78718-9
tふ5-1

布施《ふせ》 英利《ひでと》
TYM344 画

わかりたい！ 現代アート

キーワードは「モダン」と「ポップ」のたった二つ。わからないから面白い、現代アートについて、アーティストの生年順に作品を紹介しながら、その魅力や背景を概観する。

770円